会社が正論すぎて、働きたくなくなる

心折れた会社と一緒に潰れるな

講談社＋α新書

はじめに　——会社を辞める理由が変化してきている

ある大手企業を、リストラ同然に辞めざるを得なかった方がいました。日本の家電業界を支えたベテラン技術者だったその方は、会社の規模で言うと10分の1以下の中小企業に転職されました。当然ながら、給料も大きく下がりました。

傍《はた》からは、勤める会社の「ランク」が落ちたと見えるかもしれません。

しかし、新しい会社に勤めて数ヵ月経った頃、彼はこう言いました。

「以前の会社を去るまでの数年間は、自分自身も周囲の雰囲気も、とてもピリピリとした状態でした。これまで評価されていたはずの実績は過去のものとなり、ベテランの存在がまるで〝お荷物〟という視線。私は無力感にさいなまれる日々に耐えきれず、不安を抱えたまま転職することになりました。

ところが、自分でも意外なのですが、新しい会社ではとても充実した日々を過ごしています。私のこれまでの経験値を会社が認めてくれているという実感があるのです。今、余裕が生まれて改めて、以前の会社にいた頃を振り返ると、自分もつらかったけど、会社もつらかったのだろうな、と思うようになりました。そのときは自分のことだけで頭がいっぱいだったのですが、会社も会社自体が抱えるストレスと必死で闘っていたのだと思います」と。

このようにあなたの心が折れそうになったとき、もしかしたら、あなた自身だけがそうなのではなく、「会社自体の心」も折れそうになっているのかもしれません。


最近、あなたの会社で社員の誰かがこんな言葉を漏《も》らしていませんか？

「上は数字ばかり見ているから」

「俺たちいったいどこに行くんだろうね」

「変わればいいってもんじゃないのに」


また、上司や社長から、こんな言葉を聞かされていませんか？

「そもそもこの提案にどんなメリットがあるの？」

「できない話はいいから、いつまでに何ができるかを考えよう」

それから、最近の会議にこんな傾向はありませんか?

・毎回「KPI(重要業績評価指標)」という言葉が俎上《そじょう》に載せられる。
・効果と効率を上げることが議案の中心だ。
・出てくる意見が「正論」ばかり。反対意見も言えず、議論にならない。

もしかしたら、社会人としてまだ経験が浅かったとき、「現実を見ろ、正論だけじゃものごとは解決できないよ」こんなふうに先輩社員に言われた覚えがある人もいるかもしれません。

ところが、今は、「それは正論ですが――」と言いたくなる相手が上司であり会社なのです。昔は会社が意思決定する際は、正論が議論の始まりでした。しかし、それも今では、正論が登場したとたんに、その場が静まり返り誰も何も言えなくなってしまう。(そりゃそうだろう、正論だ。自分が社長だったらそうすると思う。確かにデータにもとづいて論理的に導かれた結論はきっと正しいのだろうし、自分だって同じ判断をするかもしれない)

こんなふうに、理屈はわかるけれど、そこに自分の働こうという意欲は出てこない。

「まるでうちの会社のようだ」と思った方、こうした「会社の正論」に振り回されないでください。正論に対して、まともに反応しているうちに、いずれはあなたの心が折れてしまうかもしれないからです。

私の職業は転職エージェントです。

転職エージェントは、転職したい方のために、適職の発掘をはじめ、自己分析や面接のサポート、会社情報の収集などを行うのはもちろん、求人したい会社のための採用アドバイスなどを行うのも仕事です。

私が相談に乗る相手は、主に転職を希望している方、つまり人生の過渡期にある方々です。何らかの理由で今の会社を辞めたいと思っている方と、本音で向き合いながら、転職活動に関するさまざまなお悩みに耳を傾けています。

こうした仕事を日々続けて30年近くが経ちました。現在は、全国で開催している転職セミナーの講師の任務もあり、各地で参加者の相談にも乗っています。

この間、世の中は大きく変わりましたが、それにともなって、転職相談に来られる方々の悩みも変化してきました。

近年、いちばん気がかりなのが、心が折れている方がとても増えている、ということです。なぜそうなったのかお尋《たず》ねすると「忙しすぎる仕事についていけなかった」「ノルマを果たせなかった」「期待に応えられなかった」という言葉が出てきます。そして、心が折れた方自身、「まさか自分の心が折れるとは思っていなかった」とおっしゃっていたのが、心に強く残りました。

実際に「うつ病」と診断されて会社を辞めた方もいます。

「心が折れる」その原因は、性格や資質にあると考える方も多いかもしれません。確かに、性格的に打たれ弱いタイプの人、自分を責めてくよくよするタイプの人はいるでしょう。「このような性格の人が、ストレスにさらされると、うつになるのでは」と思っている方も多いでしょう。

しかし、「心が折れてしまった」という方々の相談を受けているうちに、その原因は、個人の問題だけとは思えないという気がしてきました。みなさん、心が折れてしまっても仕方がないくらいの環境に置かれているようだからです。

かといって単に、「会社側の雇用条件が悪く、社員を追い詰めている」ということを言いたいのではありません。世にいうブラック会社だから、ノルマがきついから、勤務時間が長いからといった、わかりやすい理由だけで心が折れたわけでもなさそうなのです。

待遇などの目に見えることは、「会社側が悪い」と改善を訴えることも不可能ではありませんし、少なくとも同僚はそのつらさを共有しています。

しかし、「イノベーションをしなければならない」といったような、会社の正論に対しては、簡単に異を唱えることができません。働く人は「それができない自分が悪い」と追い詰められてしまいがちなのです。

グローバル化による競争激化や長引く不況を背景に、多くの日本企業が「いいものを作っても売れない」と悩み、そこで次の一手を打ち出せないまま、思考停止状態に陥《おちい》りました。それでも「変わらなくては」と迷走を続け、いつしかそれが「イノベーションすべき」という経営側の正論となって社員を追い詰めているのです。

さらに、会社自体が、自らの正論に縛られてしまい、「効果・効率」「短期目標」ばかりを追い求める結果にもなっています。

もし、今の会社で働くのがつらい、できない自分が不甲斐ない、上司が納得できないことばかりいう、といったネガティブな思いにさいなまれている方がいたら、それはあなたや直接の上司が悪いのではなくて、会社自体が自らの正論に振り回されて、出口が見えなくなっているのかもしれません。いわば、会社が〝うつ化〟しているせいかもしれないのです。

もしそうなら、自分や特定の上司を責めるのをやめて、「正論ばかりで動いている会社」とのつきあい方を見直してみることも大切だと思います。

本書の前半では、効果・効率を追求するあまりに、正論ばかりがはびこる会社の現状、それに追い詰められることによって、働く人ばかりでなく、会社自体が〝うつ化〟しやすくなっているということを考察していきます。

「会社の、目に見える悪い問題をどう解決するか」という平坦な見方ではなく、「一見正しい正論から派生している〝うつ化〟に気がつき、そこを見据える」という少し入り組んだ話にはなっていますが、「会社が悪い、いや社員が悪い」という膠着《こうちゃく》状態から脱していただくためにも、必要な視点であると考えます。

そして、後半において、「心が折れるような状態」から脱するためにはどうすればよいのか、その対処法をご紹介します。会社の正論に一回一回まともに反応して、「はあーっ」と、ため息をつく状態から、次のように自分を変容させていくことが可能となるでしょう。

1．会社を違う視点で捉えることができる。
2．周囲の正論に左右されない、自分なりの働き方で、楽しく仕事ができる。
3．会社内の評価向上にとどまらず、自分自身の市場価値を上げることができる。

こうした社員で構成される会社は、正論で自らを縛ることなく、好機に恵まれると考えています。
本書でそのヒントがご提供できれば幸いです。

細井智彦

2014年5月

◉目次

第2章　会社がうつ化するプロセスと〝正論〟の出現

第3章　反「共感」、反「やりがい」が進行中

第4章　〝正論〟から逃れ、自分の価値を高める方法

●「会社のうつ化」について

本書で示す「会社のうつ化」とは、精神疾患のひとつである「うつ病」の代表的な症状「抑うつ気分、意欲の低下、焦燥感、思考停止など」が、企業経営にもおよんでいるということを比喩《ひゆ》として表すものです。疾患としての「うつ病」については、一般的に認知されている症状以上のことに専門的に言及するものではありません。

プロローグ　――会社はタフな人を採用したいというが……

本書では、うつという言葉がくり返し出てきます。この言葉を目にして愉快な方はいらっしゃらないでしょう。

しかし、目をそむけられない実態があります。国内の企業で働くビジネスパーソンのなかに心が折れている方が増えているのです。うつ病などの精神疾患が国民病と呼ばれ、厚生労働省から、がん・脳卒中などと並ぶ5大疾病《しっぺい》のうちのひとつとして認定される時代です。生涯のうちに約15人に1人、過去12ヵ月間には約50人に1人が経験しているというのですから、無関心ではいられません。

こういった状況を受け、企業でも従業員のメンタルヘルスがテーマになっています。ただ、そのケアというと、復帰支援といった対症療法的な対策が主で、そもそも「心が折れる社員を生み出さないための予防」は現場のマネージャーまかせ。社員の心が折れるような会社であることを自覚せぬまま、外から人を採用するときにはタフな人が欲しいというのでは、現状に蓋《ふた》をするだけでしょう。

私は会社と個人をつなぐ立場として、うつというデリケートな課題と向き合ってきました。会社と個人双方の観点から取り組むうちに、ビジネスパーソンの心が折れる背景に、会社自体が心の折れる状態にあると気づいたのです。そして、この後詳しく述べていきますが、どんな人でも心が折れる要素があるように、どのような会社にもうつ傾向に陥ることは起こり得ると結論づけました。

一方で、心が折れにくい会社も存在します。

心が折れにくい会社はどのような特徴をもっているのでしょうか。

たとえば、私が以前訪問させていただいた医療機器メーカーは、そうなりにくいと思える会社のひとつでした。

訪問した際、同社のさまざまな部門の方に「御社のいいところはどこですか？」と質問を投げかけたところ、「うちには素晴らしいミッションがある」「そのビジョンが浸透していること」などという、力強い言葉が次々と返ってきました。

心臓ペースメーカーで世界的シェアを誇る同社の企業理念には、「私たちは心臓ペースメーカーをはじめとする、さまざまな先端医療機器、治療法を提供し『痛みをやわらげ、健康を回復し、生命を延ばす』というミッション（会社使命）を実現しています」（抜粋）とあります。

社員が何か判断を下すときには、必ずそのミッションに立ち返り、それにそぐわない行動はとらない、ということを指針にしているというのです。

社員には手術を見学する機会があり、自分たちが納めた医療機器を使って患者さんが目の前で回復していく姿を見て、感動するそうです。そのときに、「自分たちのミッションが絵に描いた餅《もち》ではなく、日々の働きが患者さんを支えているものだと知り、さらにいい製品を提供したいという思いに満たされる」と語ってくれました。

このように、うつ化しにくい会社の特徴のひとつとして、ビジョンが社員にしっかりと伝わっていることがあげられます。

本書の前半では、「うつ化しやすい会社」について考察していきます。後半では「うつ化しにくい会社」にはどういう特徴があるかご紹介し、自分の会社のうつ化とどうつきあっていくか、また会社側は何を見直せばよいかをアドバイスさせていただきます。

まずは、会社の心が折れそうになっている現実について見ていくことにしましょう。

第１章　実は会社自体の心が折れていた

増え始めたネガティブな転職理由

転職エージェントが面談をするとき、必ず質問させていただくのが「なぜ今の会社を辞めたいのですか」ということです。私はあらゆる業界の転職希望の方に、このことについて本音のお話をうかがってきました。

今、その転職理由が、時代の流れを反映して大きく変わってきたと感じています。

転職が一般化したといっても、日本人は何かの引き金をひかないとなかなか転職を行動に移せる人は多くありません。

転職行動を始める引き金となるきっかけは、好不況に関係なく「不満」もしくは「不安」です。不満でいえば、いつの世もいちばんにくるのは「人間関係」です。ただ、よく観察をすると、人間関係をはじめとした不満も時代とともに変化してきました。

バブルの時代までさかのぼれば、転職はよりよいキャリアや待遇の獲得の手段でした。「待遇のよい会社に入る」「もっとやりたかった仕事に就く」という可能性があったからです。ひとことで表すと「よいところがあれば転職してみたい」という上昇志向がありました。「こんな会社にいなくても、もっといい会社に転職できる」という世の中のムードがあったので、「もっと年収をアップしたい」「待遇を改善したい」「上流の仕事に移りたい」という漠然とした理由で活動している方がたくさんいました。

その時代に出ていた不満も、上昇志向の妨げになっている「上司が評価してくれない」「待遇がよくない」というようなものが中心でした。

それが、バブルが崩壊し一変します。

「不満」から「不安」にシフトしたのです。

長く不景気の時代が続き、転職したい理由も、「業績が悪い」「倒産した」といった、不安に直面したものが増えてきたのです。

そしてバブル崩壊の後遺症から立ち直るべく、徐々に不況下でも成長する会社が出てきて、転職の軸は、潰《つぶ》れそうなところから伸びているところへ、不況業種から成長が見込まれる分野への業種間移動、同じ業界でも負け組から勝ち組へといった移動が中心になっていきました。

これをやはりひとことで表すと「潰れない会社で長く働きたい」という安定志向です。会社に対して「不安」だったのです。

その当時、25ページの図表1のように、会社を辞める大きな理由として「ストレス」や

「心身の健康を損ねた」といったものが若年層の離職理由で目立ってきています。

この後、2008年にリーマン・ショックが起こり、日本全体の企業の経営状態がまたたく間《ま》に悪くなりました。

転職理由が変化してきたのはちょうどそのあたりからです。転職希望者のなかに、「会社を辞めたかったわけではない」という方々の割合が増えてきたのです。不安の向かう先が会社から自分に、「会社の将来が不安」ではなく「自分自身がどこまでもつか不安」に変わり始めてきたと感じました。

さらに、多くの会社で業績悪化を理由にした人員削減が断行され、辞めたくなくても退職を余儀なくされていく方が増えていきます。辞めたからといって、先行き不安な雇用情勢のなかでは希望に見合う会社が見つからず、心が折れてしまったという方がたくさん出始めました。

それと同時に、直接リストラ対象になったわけではないけれど、人員削減にともない仕事の負担が急激に増えて、体調不良を訴える方が増加しています。

「体調不良」という理由からは、何らかの体の病気を思い浮かべますが、実はうつ病や適応障害のような心の病《やまい》にかかったという場合も含まれます。病院でうつ病という診断はされ

図表1　前職の離職理由（若年層）

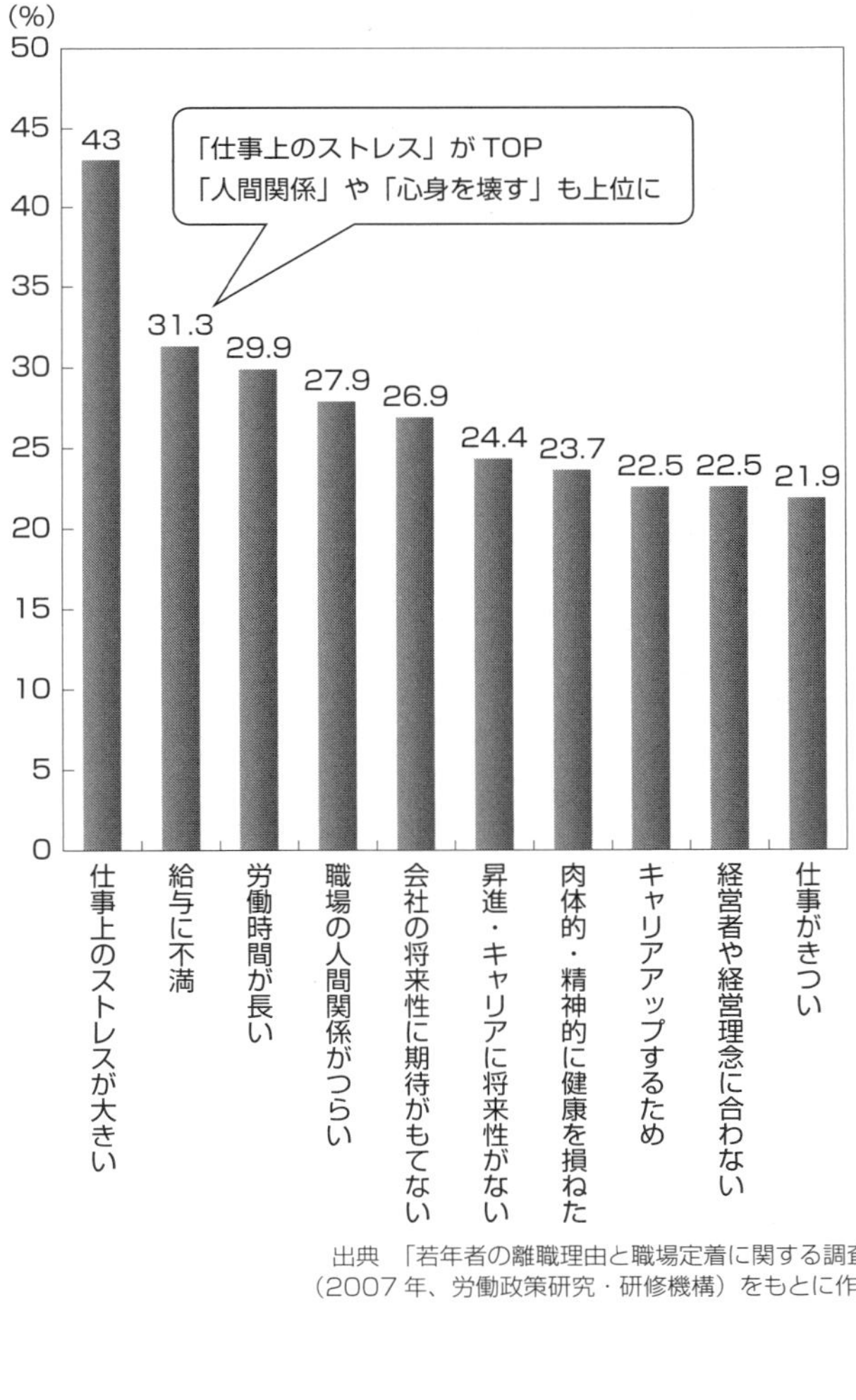

出典　「若年者の離職理由と職場定着に関する調査」
（2007 年、労働政策研究・研修機構）をもとに作成

ていなくても「もう心が折れてしまった」という理由で働けなくなったという方も、体調不良のなかに含まれるでしょう。

雇用情勢を鑑《かんが》みるに「今の会社で不満をいっていても、転職はなかなか厳しいぞ」という状況にあることはみなさん理解しています。それでも「さすがにもう耐えられません」と、会社を辞めて転職せざるを得ない方が増えてしまったのです。

サラリーマンの心の病が2割増

今、私たちが生きる時代のことを「うつの時代」と呼ぶ声があります。うつ病にかかる人が増えたということがニュースになったり、「新型うつ」といった新しいうつの傾向が示されたり、うつの予防はどうしたらいいか、家族がうつになったらどう対処すればいいか、といった話題がメディアで取り上げられることは少なくありません。

昨年の朝日新聞の「サラリーマンの心の病が2割増えた」という記事を私は他人事ではない気持ちで読んだのを今も覚えています（2013年8月22日付朝刊）。

厚生労働省がまとめた医療保険の利用状況調査をもとに推計した記事によると、心の病による受診件数は、リーマン・ショックのあった2008年度は1000人あたり延べ235

転職の理由が変わってきた

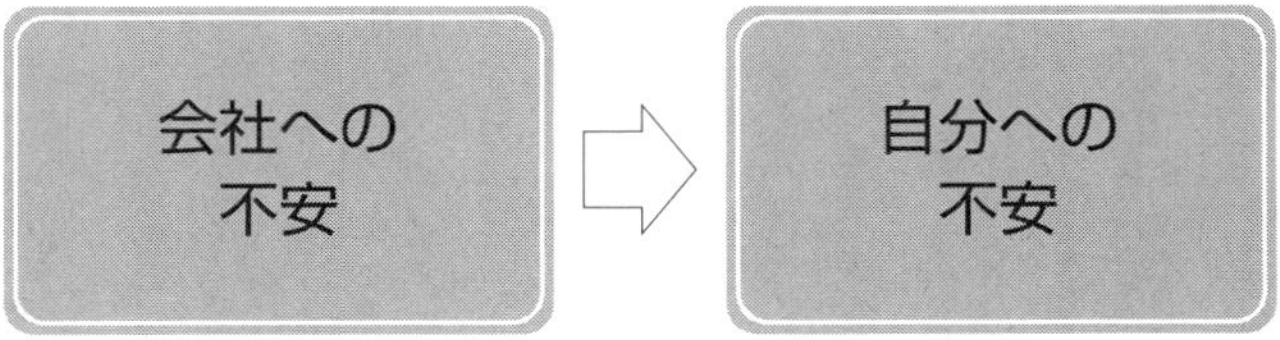

件でしたが、３年後の２０１１年度は同２８０件と19%増えています。

リストラによる雇用不安は広がっています。景気回復の波に乗りきれない中小はもちろんのこと、たとえ大企業に正社員として勤めていたとしても安泰という時代ではありません。そして「去るも地獄、残るも地獄」などといい表されているように、運よくリストラにあわずに会社に残れたとしても、人員が減ってしまったことで、仕事の負担は増えるばかり。過労とストレスの度合いはとても高まっています。

私が転職相談に訪れる方のなかで、「心が折れている方」の割合が増えたと感じたのも、やはりリーマン・ショック以降のことです。

タフな方まで心折れている

このように、心が折れている方が増えてきたことを目《ま》のあたりにして、私も「なぜ彼らは心が折れるのだろうか」ということを考えるようになりました。

厳しさを増す企業環境に適応できなくなったということなのでしょうか。確かに、みなさんとても真面目で穏やかな印象の方ばかり。でも、スキルもお持ちで、決して弱い方ではないのです。

会社と個人のあいだに入る立場として、自分に何ができるか……。

私は医者ではありませんので、安易にうつやうつ病について語れる立場ではありません。ただ、私自身の身近にもうつ病に悩む人がおり、転職相談でもちかけられる病気に関する悩み相談でもストレスに起因する心の病に関することが多いのです。そこで、私の周囲に降りかかっている病であるという認識で、うつ病のことを調べるようになりました。

うつ病は大きく「気分障害」と呼ばれる疾病に分類されています。その名のとおり気分が落ち込み、憂鬱《ゆううつ》になってしまうことが基本の症状ですが、病気になった人が「気分が落ち込んでいる」と自覚できるとは限りません。症状としては、不眠や食欲不振、何ごともおっくうになってしまうというようなことから始まります。

うつ病になる原因に関して、実はまだはっきりしたことは明らかになっていません。ということは、完璧《かんぺき》に予防できる手立てもないということです。

ただし、これまでの数多くの研究により、何が引き金となってうつ病に至るかについて、ある程度わかってきています。

その大きなきっかけのひとつが「変化」です。

転勤、転職、昇進といった仕事に関するもの、新築、転居、子どもの結婚など、家庭生活に関するもの、出産や身体疾患などの体調に関するもの、離別や死別という喪失体験などが誘引になることが知られています。

うつ病になりやすい性格については、几帳面で責任感が強い完璧主義の人がなりやすいという傾向があるようです。こうした性格の方は、仕事も手抜きができずに、自分ひとりで抱え込んでしまって、うつが始まることも多いのです。

最近の研究では、うつは後天的なものだけではなく、そもそも、先天的な発達障害という状態を抱えているのに、それと知らずに生活するうちに、社会になかなか適応できない自分を責めてうつ状態になる、ということもあるようです。

うつ病について詳しいことを知らない方は、とにかくネガティブ思考ですぐに「自分なんか……」と自分に自信をもてずに自責する人がうつ病になる、というイメージが強いかもしれませんが、それは少しずれているように思えます。

私は精神医学の専門家ではありませんが、最近、心が折れた方とお話ししていると「こんなタイプの方まで苦しんでいるのか」と、驚いてしまうことがあります。

どんなタイプの方かというと、嫌《いや》なことはすぐ忘れるようなタフに見える方です。しかも、そういう方が「営業成績が上がらないから落ち込んでうつになっている」という単純な図式でもありません。ノルマはきちんと達成していて、上司からも期待されています。しかし当人は、「もう営業はやめて事務職に移りたい」と、モチベーションが途切れてしまって、意気消沈しているのです。

この方は、ある程度のノルマを達成したら「ここまでできるなら、次はこれ以上できるだろう」とばかりに、次から次へと仕事をまかされて、疲れ果ててしまったようです。もちろん、仕事を社員に課すことは会社としては当たり前です。人は期待されることによって実力が向上するわけですから、人材育成という観点からも間違ったことではありません。本来なら素直に喜べることです。

しかしながら、ひと握りのできる人にはどんどんやらせようと、過度の期待をする傾向が強く、それによって、明るく元気に活躍してきた方の心も折れている、という状況が増えているのです。

忙しさだけが原因ではない

なぜ、そんなタフそうに見える方まで心が折れるのでしょうか。過度のプレッシャーが原因のひとつですが、それだけではありません。

体調不良に陥った方の多くは、「忙しすぎたからだ」といいます。誰しも忙しすぎると心身が疲弊《ひへい》するでしょう。あまりの忙しさに頭がパニックになり、思考が停止し、「何もする気が起きない」と、急激に意欲を喪失することもあるでしょう。

確かにみなさん、忙しいのです。ただ忙しいからといって、必ずしも心が折れるというわけではありません。忙しく働いて、はつらつとしている方だっているのです。

実際に、忙しいという悩みをよくよくお聞きしていると、苦しみは忙しさそのものではなさそうです。

原因、きっかけは先に述べた「変化」にあります。

たとえば、「会社が大幅な部署の統合を行って、そのときにまったく未経験の部門に配置替えになってしまった。その仕事にも周囲にもなじめない期間が続いた」。

また、「親会社が替わり、これまで会議ではすんなり通っていた案件が通らなくなった。採算性に関するデータの添付が必須になり、その作業に追われて、思いきった企画も出せない状態が続き、仕事の面白みも半減してしまった」というような具合です。

人員削減、部署統合、上層部の方針が変わるなど「何かが変わった」ことによって、とても忙しい状況に追い込まれて心が折れてしまった方が多いのです。

「変化」も人間の心を折る要因

実際、「社内うつ」の研究を行っている早稲田大学の小杉正太郎名誉教授の著書によると、「ストレッサーになりやすいのは実は多忙であることよりも、仕事を自らコントロールできない不満や焦燥感である」ということです。

レポートには〝社内うつの人に尋ねた「これまでに困ったこと」の調査結果〟が紹介され

ており、順位も知ることができます。

1. 仕事で失敗した
2. 部下とのトラブルがあった
3. 同僚とのトラブルがあった
4. 上司とのトラブルがあった
5. 仕事の内容が変わった
6. 仕事のやり方が変わった
7. 職場の物理的環境が変化した
8. 所属部署が細分化した
9. 同僚が昇進した
10. 所属部署の体制が変化した
11. 所属部署の人員が減った
12. 所属部署が統合された
13. グループ編成が変わった

14．所属部署が引越しした
（『仕事中だけ「うつ」になる人たち』小杉正太郎・川上真史共著、日本経済新聞社刊より抜粋）

私はこのデータを拝見したとき、「まさにそのとおりだ」と思いました。転職相談のなかで「なぜ辞めたいと思ったか」という理由としてあげられることと、ほとんど同じだったからです。このデータのなかには、上司や同僚とのトラブル、失敗、優劣の差という理由もありますが、そのようなトラブルも、それが生じるに先立って「何かしらの変化」があったのではないでしょうか。

では、心が折れる原因になるような変化とは、どのような変化なのでしょうか。私のもとへよく寄せられる相談には、次のようなさまざまな状況があります。

〈人が替わる〉

「担当の上司が替わった」
「買収や合併で経営層が替わった」

「オーナー社長が急逝し、２代目が社長になり会社の方針が変わった」

会社に人事異動はつきものですが、まったく違うタイプの上司に当たったり、これまでとはガラリと方針を変えるような上層部へと変わったり、という大きな変化にさらされることが増えています。

〈仕事が変わる〉

「人事異動で未経験の仕事や地域へ転勤になった」

「異業種参入のために新規事業をまかされた」

「新規開拓の責任者に任命された」

会社がイノベーションを標榜《ひょうぼう》している昨今、単純な部署の異動ではなく、これまでの経験が通用しないような、レールが敷かれていない仕事に回されることも増えています。

〈環境が変わる〉

「リストラなどで人員が減り、業務量が激増した」

「ＩＴ化や効率化が推進されて、仕事のやり方が変わった」

経営状況の変化により、これまでの仕事量や仕事のやり方が激変しています。特に変化に弱い中高年世代には負担として重くのしかかっています。

これまで調子よく仕事を続けてきた方が、このような変化にうまく適応できなくなり、最終的に心が折れてしまうのです。私なりに、心が折れるプロセスを整理すると、次のようになります。

1．人、仕事など環境が変化する。
2．過度な期待による重いプレッシャーを感じる。
3．大きな失敗やトラブルの発生。優劣の差がつく。期待どおりの成果が出せない。
4．無力感に心が支配される。思考停止になる。
5．心が折れる。

「無力感」という言葉が出てきましたが、これも心が折れた方と話しているうちに見えてきたキーワードです。彼らは、自分の存在価値が確認できず、無力感にさいなまれてしまっているのです。

なぜそのような心境に陥るのでしょうか。無力感にさいなまれるということは、「その人はこれまでも自分に自信がもてなかったのだろうか」「なかなか人とうまくつきあえない人が多いのか」と思われるかもしれません。

ところがそれはむしろ逆で、こういったケースの場合は、過去は問題なく、人間関係には恵まれており、失敗を経験していない方も多いのです。人間関係での失敗や挫折の体験がないので、ちょっとしたことで心が折れてしまって、一気に無力感にさいなまれてしまうということも多いと感じます。

これまでの自分を否定される状況

人の心が折れるきっかけの多くは、「何かが変わること」でした。ここでふと疑問が湧いてきます。「ものごとが変わることくらい、昔からつねにあることじゃないか。なぜ、昔からあることなのに、今、心が折れる方が増えているのだろう」という疑問です。

時代が変わっていくなか、若い方たちがタフではなくなってきたのでしょうか。あるいは、心が折れる方は昔からたくさんいたけれど、それが心の病だと診断されていなかっただけなのでしょうか。

確かに、精神科や心療内科への敷居も低くなり、受診する方が増えるにつれ診断を受けたらうつ病だったということで増加しているのかもしれません。

また、若い方が打たれ弱い傾向にあるということは私も感じています。20～30代のサラリーマンが高ストレスであるというデータもあります。

しかし、今の時代に心が折れているのは、こうした若い方に限らないのです。ある程度経験を積んだベテランの方からも、打たれ弱い傾向の若者と同じように「今までの自分を否定されたようだ……」という弱々しい言葉が聞かれます。

ベテラン社員からこうした言葉が聞こえてくるということが、会社がストレスフルな状態になっているということの証《あかし》なのです。

成功体験や失敗体験を重ねながら、仕事で結果を出してきたベテラン社員。これまで成し遂げた仕事に対しての自負もあるでしょうし、会社側も周囲の社員もその仕事を評価してくれていたはずです。

なのに、そんな方でもリストラの対象となるのです。これまで積み上げたものを全否定された気持ちになるでしょう。

一方、リストラにあわなかった方も、「いつまでに何をやる」という管理型の仕事が膨大に増えたうえ、処理すべき仕事量が多く、成果主義によって結果だけが重視されることから、「何か新しいことに取り組まなくては後がない」という状態に置かれて、せっぱ詰まった気持ちで日々を過ごしています。

私は心が折れたと訴える方々と面談するなかで、その方々の背景にある「今の会社が置かれている状況」が見えてきました。

会社はどんな「サイン」を出すか

転職エージェントという職業柄、私には「会社研究をする」という大きなテーマがあります。就職や転職の相談者に対しても、どのような方法で会社研究をすればよいか、というアドバイスをしています。

その会社研究に取り組むときに、私は「入りたい会社の〝プロファイリング〟をしましょう」といういい方をします。

プロファイリングとは、たとえばＦＢＩ捜査官が主役の海外ドラマなどで「犯人のとってきた行動などを科学的に分析し、犯人像をイメージする」という意味で使われている言葉です。犯人はどういう生活をしている人か、どういうキャラクターなのか予測して、特定しやすくするわけです。

仕事は、人の行動のなかのひとつです。人が仕事という行動をとっているということです。会社が行う仕事とは、個人が行う仕事が束ねられたものだといえます。

会社のことを「法人」といいますが、つまり会社も法人格という人格をもっていることになります。

私自身は、日頃からこのように会社をひとりの人間のように、擬人化して捉えます。こうした見方をすると、その会社の特徴をつかみやすいからです。

この擬人化という観点から現在の日本の会社の状態を見たとき、私には会社が「閉塞《へいそく》感にさいなまれて心が折れ、もがいている人」のように見えたのです。法人という人格は心が折れて「うつ化」しているのではないか、と考えるようになりました。

そうした着想を得て、うつ化している会社に共通しているサインはないだろうか、このような会社はよくいわれるブラック会社とイコールなのだろうか、なぜうつ化してしまうのか、予防することはできないのか……。このようなことを意識しながら、改めて相談内容を分析してみました。

うつ化している会社の特徴

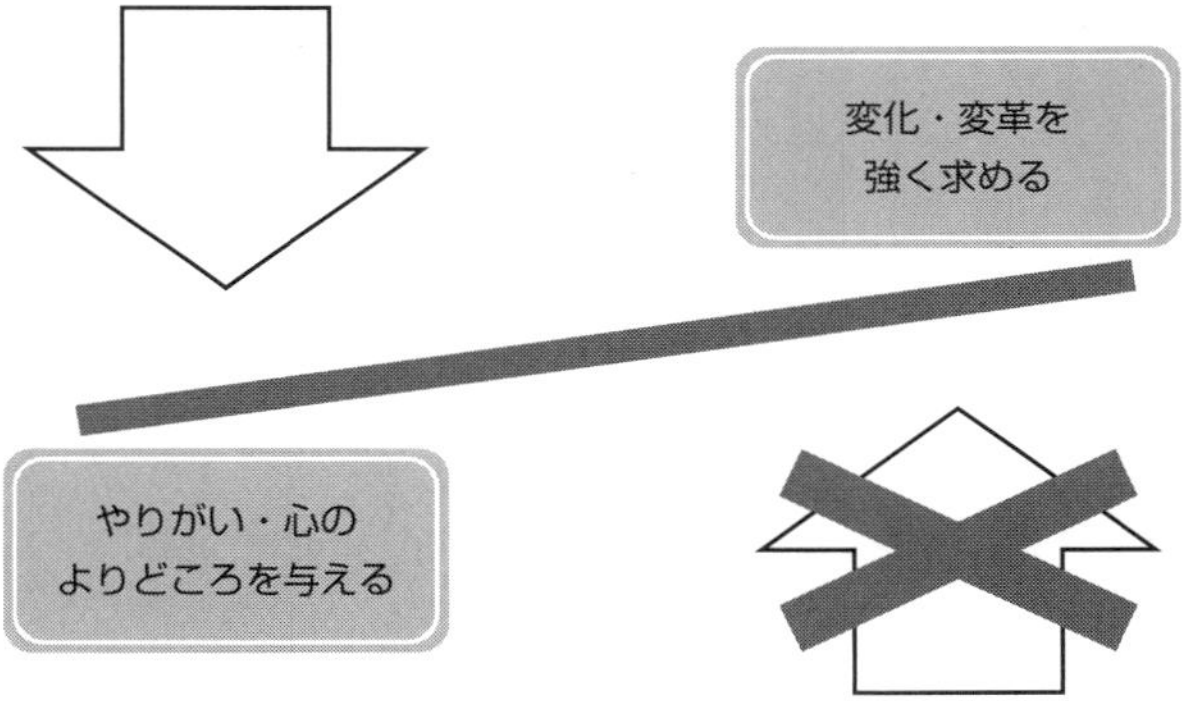

そこで見えてきたことは、うつ化している会社とは、いわゆるブラック会社や問題がありそうな会社ではないということです。悪徳営業などを行っているいいかげんな会社は、社員を使い捨てにするかわりに自分は平然としていられ、逆に、業績が上がらない経営環境のなかでも真面目にがんばっていると思える会社、外からは明るく活気があるように見える会社から、さまざまなサインが出ていたのです。

そこには、大手や一流会社も含まれます。業績不振の会社は当然うつ傾向が強いのですが、業績は維持していてもつらい状態になっているように見える会社もあったのです。

そのような会社に共通していたのは、「会社の変化・変革を社員に強く求めるわりには、社員に心のよりどころとなる軸を示せていない」ということでした。

こうして見ていくうちに、心のよりどころがなければ、充満する重苦しい空気に働く方も影響されて、無力感を抱いたり、心が折れてしまったりするのは当然ではないかと考えるようになったのです。

第2章　会社がうつ化するプロセスと〝正論〟の出現

「承認欲求」は会社にもある

この章では、会社がうつ化するときにはどのような現象が出るのか、なぜ会社がうつ化してしまったのかを考えていきます。

その前に、人がうつになったときにどのような状態になるのかということを、前提として確認しておきます。

人がうつになったときに見られる主な症状が、厚生労働省のホームページに記されていました。

憂うつ、気分が重い、気分が沈む、悲しい、不安である、イライラする、元気がない、集中力がない、好きなこともやりたくない、細かいことが気になる、悪いことをしたように感じて自分を責める、物事を悪い方へ考える、死にたくなる、眠れない

これをまとめたかたちで、「うつ状態で見られる症状」として、メンタルクリニックのホームページなどでは次のように記されています。

1. マイナスな感情が頭を支配する（不安、悲しみ、焦り）。
2. 強い焦燥感を抱く。
3. 気力が減退する。
4. 強い罪責感を抱く。
5. 思考力や集中力が低下する。

このような症状の背景には「周囲に認められていない不安」があると心理学の専門家はいいます。人の心の根っこには、「承認欲求」というものがありますが、この欲求が満たされていると、人は心の安定を保つことができるのです。

私が日々面談をさせていただいている転職希望者の方々は、「評価されない」「認めてもらっていない」という「承認欲求」が満たされていない場合が多いのです。なかでも、心が折れている方は、ほとんどがこの欲求が満たされていないといえます。

人にとって、自分の存在を無視されることほどつらいことはありません。私自身の経験を振り返っても、「どんなことがつらいか」と問われれば、「無視されることです」と答えるでしょう。

私が講師を務めている転職者向けのセミナーのアンケートに、「講師へのメッセージをお願いします」という欄があります。私はこの欄がたいへん気になりますし、ここを見てがっかりすることもよくあります。

なぜがっかりするのか。それは、「辛辣《しんらつ》なコメントが書いてあったから」という理由ではありません。

私の心がへこんでしまうのは、その欄が空欄であったり、「特になし」と書いてあったりするときです。

よいことであろうと、悪いことであろうと、私のことを思いながら寄せてくださっているメッセージには、どんな内容でもとても感謝できるものなのです。しかし、そこに何も書かれていないと、「自分のことが承認されていない」と感じて落ち込みます。

私のように、周りからは「お気楽な人」だと思われているようなタイプであっても、無視されるのはつらいことです。どんなにマイペースな方でも、こうした「承認欲求」はあるのです。

これと同様に、会社にも「承認欲求」があるのです。会社も法人格という人格をもった存在ですから、社会やお客様に認めてもらえない状況が生まれると、心中おだやかではなくなります。

まじめな会社が陥るうつ化現象

この意味でいくと、会社という法人に「市場に受け入れられていない」「承認されていない」という疎外感を抱かせる最大の要因は、業績の悪化です。業績悪化によって会社に「自分が無視されている」という不安が生じ、それが会社をうつ化させる背景になっているのです。

私がうつ化する会社を考察する際に、最も典型的な会社として映ったのが、過去に大きな成功体験をもっている家電メーカーでした。どのようなプロセスで会社がそうなっていくのか、簡単にまとめてみたいと思います。

業績の悪化

消費者が同様の商品でも安い海外製を選ぶようになり、買ってくれなくなった。これは高機能のいい商品を出しても、消費者がそれほどの機能性を求めなくなったのも一因。

←**方針のつまずき**

今まではよい商品を出せば売れていたが、よいと思う商品も売れない。なぜだろう？　今までと同じではダメなのか？

←**売れない原因探し**

過去の成功体験が通用しなくなった。どうすればいいのか？　安いものをつくれば売れるのだろうか？　と原因を探し出す。

←**手段を講じる**

目先のアイデアをかたちにして発売する。さまざまな〝手段〟を実行する。

←**それでも売れない**

いくつかの手段を実行しても、商品がなかなか売れない。顧客から見放されているのでは？　認めてもらえないのでは？　という不安が芽生える。

→ **焦燥感と無力感**

安くてイージーなものが売れるという世の現状に、自社の顧客の姿が見えなくなる。何をやってもダメかもしれないという焦燥感が増し、自信喪失が無力感につながる。

→ **思考停止状態になる**

会社がうつ化してしまう。

これが、まじめにコツコツとやってきて、これまでも数多くの成功体験を積んできたのに、ここにきてそれが通用しなくなり、うつ状態になるパターンです。詳しく、その実態を見ていきましょう。

実態１　成功体験が通用しない

日本の家電メーカーには、まさしくこの「まじめうつ」の傾向が見られます。

確かに、日本の家電メーカーは、これまでは世界に誇る高性能の製品を送り出してきました。日本の経済成長が右肩上がりという時代のなかで、よいものをつくれば売れるという成功体験をいくつも積んできたのです。よいものとはつまり、信頼性はもちろんのこと新しい機能を装備した付加価値の高い製品のことです。

ひと昔前の家電は、新機能がついてモデルチェンジをくり返し、多くの消費者がそれに合わせるように買い換えをしていました。ところが、景気に陰りが見えた頃から、消費者はモデルチェンジにともなう買い換えを控えるようになりました。それは、不景気になって家電を買い換えるお金の余裕がなくなったから、という理由だけではありません。

家電の世界もデジタル化が進み、メーカー間で商品の差が生み出しにくくなりました。消費者はブランドに頼らずとも、一定水準の製品を求めることができるようになったのです。

これにともない、トップを走ってきた優良な家電メーカーの業績はどんどん落ちていきました。理由は、消費者がトップブランドの製品を求めなくなったから。消費者が望む一定の水準をクリアした家電は、どんなメーカーでもつくることができるようになりました。

決まった部品を組み合わせれば誰にでもつくることができるようになる「コモディティ化」が進んだからです。

「まじめうつ」のうつ会社化への流れ

業績の悪化
消費者の選ぶものが変わった
方針のつまずき
よいと思う商品も売れない
売れない原因探し
過去の成功体験が通用しない
手段を講じる
目先のアイデアをかたちにして発売
さまざまな手段を講じる
それでも売れない
顧客から見放されているという不安
焦燥感と無力感
何をやってもダメかもという自信喪失から
焦燥感と無力感が生まれる
思考停止状態
うつ化

コモディティ化が進んだ家電業界は、各メーカーの個性や格差が少なくなっていきました。優良メーカーは、自社製品の差別化ができなくなっていきます。これと並行して消費者も「あのメーカーの、このモデルでなくてはダメ」というこだわりが薄れてきました。あえて差別化した製品をつくっても、そこまで機能性が付加された製品に消費者が魅力を感じなくなってきたのです。一定のラインをクリアしたシンプルな機能さえあればよい。それよりもコストパフォーマンスの高い製品を求めるようになっていったのです。

必然的に、家電メーカーは価格競争にさらされました。

日本の優良メーカーは、高い信頼性と高機能化することを強みにしていましたが、その日本製品らしさが生かせなくなり、韓国製品などの勢いに押されてしまいました。

「こんなにいいものをつくっているのに、お客様が買ってくれない」

これが今の大手家電メーカーが感じているジレンマです。過去の成功体験は通用しなくなりました。今、〝彼〟は、これまでの自分を否定されるような目にあっているのです。

好調な業績は七難隠す

業績が好調なときは、会社の心も安定しているでしょう。ところが、業績悪化という変化が生じることによって、会社の心も揺らいでいきます。変化に対応しようと懸命になっても、これまでの成功体験が通用しなくなってくる。その結果、喪失感・無力感・不信感が生まれ、自分自身を責めたり、その反発として「あいつがなっていない」という他罰的な感情が頭を支配するようになります。

実際の転職相談でも「パワハラやいじめでリストラを迫るようなムードに耐えられなくなった」という転職理由を訴える方は少なくありません。そのいきさつをお聞きすれば、もともとは社員間のムードはよかったのです。ところが、売り上げが下がり、業績の維持・向上が難しい状況になるにつれて「誰がリストラされるか」というサバイバルといってもいい状況になってきました。そのせいで、パワハラやいじめが起きて、社員間のムードもささくれだってしまったのです。

実態2　グローバル展開の挫折

こうした会社が活路を拓《ひら》くのに、欠かせなくなっているのがグローバル化です。特にリーマン・ショック以降は、自社の海外展開だけではなく、海外の企業を買収したり、逆に中国をはじめとする海外の企業に自社が買収されたり、ということも考えなければならなくなってきました。

私はその時期から、会社の心も折れ始めたように思います。生産拠点を求めるにせよ、市場を求めるにせよ、さまざまな業種の会社が、「グローバル展開をしなくては生き残れない」というプレッシャーにさらされ始めたのです。

さまざまな会社のホームページを見ていると、企業理念や決算短信の中・長期計画のなかに、「グローバル」という文言《もんごん》が、半ば〝お約束〟のように出てきます。

大手企業から中小企業に至るまで、海外との新しいつきあい方を考えない経営はありえない、というような状況になってしまいました。対象もメーカーや商社だけではなく、外食産業や伝統産業など全体に広がりをみせています。

こうしたグローバル化の流れのなかで、海外に現地法人を設立する会社も数多くあります。製造業に絞った場合は、その多くがアジアに集中しています。工場を設立して、現地のスタッフと共に生産活動を開始する会社も珍しくなくなりました。

これまで海外で働くなんて夢にも思わなかった主任クラスの工場担当者が、突然「ジャカルタに行ってくれ」「バンコクに行ってくれ」という辞令を受けて、いたしかたなく海外で働くケースも増えているとお聞きします。

ときどき、これらのようなケースの成功例がメディアに取り上げられることもあります。英語もおぼつかなかった社員が、海外で事業を軌道に乗せることができたという美談です。しかしながら、この成功例というのはメディアで取り上げられる価値があるほどに、数少ないもの。成功例の陰には、それを支えた数多くの失敗例があるのです。

「わが社もいよいよグローバル化ということになり、慣れない外国に飛ばされるのが不安」というビジネスパーソンの嘆きはよく耳にします。面談をした転職希望者のなかには、実際に海外赴任を経験して、かなりしんどい思いをしながら、後に撤退したという経験をもつ方もいます。

たとえば、インドネシアでがんばってものづくりをしても、結局は日本の本社が要求する精度をなかなかクリアできなかったという相談者がいました。現地でどれだけ指導をしながらがんばっても、日本の本社が要求するレベルにはどうしても達しないのです。海外の現場をまかされた人は、現地のレベルと日本の本社の求めるものとのギャップに悩まされて、どうすればいいのかわからなくなってしまいます。

こうしたジレンマのなかで、焦燥感にかられる会社も多いのではないかと思います。

実態3　イノベーションが目的化

会社がグローバル化を打ち出すのは、世の中のグローバル化の流れについていくためというのもありますし、今までのやり方が通用しなくなったので、事業変革のひとつの手としてという意味もあります。

グローバル化と同じく、よく飛び交う言葉のひとつに、「イノベーション」があります。「変革」や「改革」なども同様です。

今や政治・経済・教育などあらゆる分野で「イノベーション」「変革」というキーワードが目につきます。世の中全体から、「変われ、変われ」「変わらなくてはいけない」というプレッシャーを与えられている状況だといえるでしょう。

イノベーションを迫られているのは、過去の成功体験が通用しなくなった家電メーカーもそうですし、セルフ化や車のハイブリッド化が進むガソリンスタンド業界のように、事業構造自体が変革を迫られているケースもあります。

当然ながら、人が自分自身を磨《みが》くことで「成長」という自然な変化を遂げるのは望ましいことです。現状に甘んじたままでは、何ごとも停滞するでしょう。しかし、うつ化した会社が連呼するイノベーションは、こうした自然な変化ではありません。ただ闇雲に「今までと違うことをしなくてはならない」とばかりに、危機感にあおられ、追い立てられるかのように変わることを要求します。

果たして、人や会社は本質的にそんなに変わることができるものでしょうか。

「年を重ねれば人は変わるのでは」とおっしゃる方もおいでかもしれませんが、実際は「30歳だからこうしなくては」とか「部長になったのだから部長らしく」など、役割や期待に合わせて演じているようなところもあって、人の根っこの部分は意外に変わらないものではないでしょうか。

会社もそれと同じようなものです。ひとつの会社としての社風を保ちながら運営してきたわけです。そんなに急に変われるものではありません。

たとえば、デパートのようなリアル店舗のある業態の会社は、ネット通販を立ち上げてもなかなか上手くいきませんでした。ようやく一部の会社が黒字化してきたようですが、楽天などのゼロからネット通販事業を立ち上げた会社には追いついていません。

これはデパートなどが「対面型サービス」という確固たるビジネスモデルをもっていたからです。その成功体験が、新しい事業を展開するうえでの足かせになってしまった。社内で事業が共食いになるという現象が生じ、思いきった手が打てなかったのです。

人も会社も自分の居場所を見つけたら、「アンカー＝碇《いかり》を下ろす」という状態になります。過去に成功体験を有している老舗《しにせ》ほど習慣は変え難いものです。

しかし、現在は、「イノベーションしないと生き残れない」という言葉を新しい常識のように受け止め、変わらなくてはいけないというプレッシャーにさらされています。しかも、先の「デパートがネット通販を手がける」というケースのように、過去の成功体験のある会社ほど自己否定を求められることもあります。

そして、その掲げられた変革が、何のための変革なのか、どう進んでいくためのイノベーションなのか、という明確な目的がおざなりになり、いつの間にかとにかく「変わらねばならない」というだけのイノベーションになってしまっているのです。これでは、イノベーションが目的化してしまっているだけで、何の発展性もありません。

今、多くの会社が、闇雲に組織を再編したり、合併をしたりしているように見えます。こうしたなかには、イノベーションが目的化した弊害といえるケースが数多くあるのではないでしょうか。

見た目が変わるので会社の上層部や人事部は「変革をした」と満足かもしれませんが、それによって右往左往させられる現場の方はたまったものではない。せっかく慣れた仕事からはずされたり、雑務が増えて無用な残業をさせられたり、振り回されることになってしまいます。現場は「変革」以前に、目の前の仕事に追われているのですから、中身が変わらなければ変革は実現しないのです。

さらには、「イノベーションのためにリストラを進めなくてはならない」という論理をもち出されます。合理化や効率重視の視点だけでリストラを推し進めようとし、それなくして変革なしといった理論で動く。リストラをイノベーションと称するケースは、最もよくない空気であるといえます。

そこにはイノベーションの履き違えがあるのです。

そもそも、会社も人間と同じく、その成り立ちのときから培《つちか》ってきた性格のようなものがあり、根っこの部分はそう簡単に変わることはできないと前に述べました。にもかかわらず、変わることが大事とばかりに、目に見える部分をどんどん変えさせられていくという状況が続く。会社自体がその変化についていけず、本来の健全で自然な成長を妨げることにもなりかねません。そこで働く人も、変化についていけず、心が折れる人が増えていくのです。

それでも、取引先や業界の変化に合わせて仕事の手順が変わるとか、多角化の一環としてこれまでとは違う分野の勉強をする、というような、ある意味で自然な変化であれば、それがきっかけとなってモチベーションが上がるという方もいるでしょう。

問題なのは、過大な変化を要求されることです。

私との面談で「イノベーションに疲れました」とため息混じりに漏らした方がいました。その方は、自分のこれまでの業務とは違う分野の課題を与えられ「どうすればイノベーションできるか考えろ」と迫られていたということです。

多くの方は「ふつうにコツコツとこなせばできる仕事」はできるのです。しかし、そうした一般社員の力をまとめて変革につなげていくこと、事業改革の旗振りをすることは誰にでもできることではありません。

働く人のモチベーションを上げる目的で「みんなが経営者感覚で」とか、「どんな仕事もクリエイティブに」ということもよくいわれます。確かに、それができればいいのかもしれませんが、そのような高い創造性を発揮する仕事、0を1にするようなクリエイティブな仕事は、本来は限られた方にしかできない仕事だと思います。

そうした適性すら考慮されないまま「アイデアを出せ」「変革しろ」というプレッシャー

に社員が苦しんでいるとしたら、それは会社が追いつめられている証のひとつだといえるでしょう。

確かに、今までと同じやり方は通用しなくなってきました。そこで何らかの変化をしていくことは大切ですが、うつ化すると、「とにかく変われ」と、変わることが目的化してしまい、空回りしている場面が多々あると思うのです。

必然性のない新規プロジェクト

多角化やイノベーションの一環として、新規の事業プロジェクトを立ち上げたとき、社員としてそれをまかされるということは、基本的には喜ばしいことでしょう。

しかし、慣れ親しんだ業界とは違うところ、これまでのやり方が通用しない世界に踏み出すわけですから、誰でも簡単にできることではありません。しかも、うつ化した会社が起こそうとしている新規プロジェクトに必然性がない可能性もあります。実際そうしたプロジェクトに出向し、まったく知らない異業種の人間と話をしたり、交渉をしなくてはならないことに疲れて、突然体が動かなくなった、という体験もお聞きしたことがあります。

なぜそんなことが起きてしまうのでしょう。私は、志《こころざし》のない義務感に追われるだけのイノベーションが目的化しているからだと思います。

たとえば、伝統的な桐箪笥《きりだんす》をつくっている会社が、「箪笥のような大きな商品はなかなか売れないので、新しく桐の素材のよさを活かした小物を創る」といったことは必然性があるといえるでしょう。多角化や新規プロジェクトとして、ある意味、自然な流れだといえます。

名古屋に本社がある愛知ドビーという会社が、鋳物《いもの》ホーロー鍋「バーミキュラ」を発売して大ヒットさせました。同社は元来、工業メーカー向けに鋳物を製造していた会社でしたが、同社が得意とする技術を用いて、一般消費者向けの商品開発に着手し、成功したのです。フランス製のル・クルーゼはヒットしていましたが、その市場に打って出るモチベーションとして「日本から〝世界最高の鍋〟をつくる」というビジョンをもって開発したということです。新規事業として、技術力に裏打ちされた必然性があり、かつ明確なビジョンがあります。

ところが、闇雲な多角化は、「今どの分野に市場があるか」ということをマーケティングしてみたところ、「環境分野だ」「農業だ」「健康産業だ」ということになり、「ならば、この分野に打って出る新規事業を考えよう」という順番になるわけです。ただひたすら「新規事業を起こさなくてはならない」という目的のために行う、ビジョンなき多角化です。

本業との関連も薄く、必然性もない事業への進出は失敗例が多いものです。かつてアパレルメーカーが、野菜の宅配事業に進出して失敗した例もあります。

また、よくある話ではありますが、本業以外に不動産事業に手を出して失敗して、倒産を余儀なくされることもあるのです。

「市場性の高いこの分野に進出して業績を上げなくてはならない」という動機ではなく、本来は「わが社から生まれつつある新しい事業を育てよう」というモチベーションが大切なのです。

哲学なき多角化によって困るのは、それをまかされた担当者です。経験値のない分野へのチャレンジが求められるからです。もともと本業との関連性も薄く、やりたくてやっている仕事ではないわけですので、日々の苦労に押しつぶされて、無力感にさいなまれてしまいます。

ある人材派遣会社にいた方が、「人材紹介の部門を立ち上げろ」ということでまかされました。一見して同じ「人材」を扱っている業務だと思われるかもしれませんが、派遣業と紹介業では、営業のやり方も営業先も営業上の課題も、まったく違います。上層部は安直に考えていたのです。彼は「派遣業ができてなぜ紹介業ができないんだ」と上層部に詰め寄られたあげく、体調を崩して会社を辞めました。

上層部が現場の業務や実態を見ようとしないと、「言いわけはいいから、とにかくやれ」というばかり。こうした無理な要求で社員を疲弊させているのです。

実態4　M&Aや事業統合の影響

会社が生き残っていく策としてM&Aや事業統合をするところは増えています。これによって、働く方の環境は大きく変わることになります。

ひとつには、事業統合することで人員が余ってしまいますので、リストラを実施する会社が増えます。「営業部門はともかく、経理部門などバックオフィスに2倍の人員はいらない」という話になってくるからです。社員はまずリストラの恐怖に怯《おび》えることになります。

ここでリストラをくぐり抜けた方はホッとするわけですが、それもつかの間、次は合併後の変化についていけなくなる方が増えてきます。

これまで別会社として運営していたところと一緒になるわけですから、軋轢《あつれき》が生じてしまうのは仕方のないこと。

しかし、それをひとつひとつ是正していくよりも、とりあえずは業務を「標準化する」ことで合併後に支障が少なくなるようにしよう、ということになります。

それがどういう状況をもたらすかというと、ひとことでいえば窮屈になるのです。事業統合によって生じる無駄をできるだけ省いていこうということになり、統合前までは、こぢんまりした温かい雰囲気があった部署にも、「いつまでに何をやるか提出しなさい」という指令が下され、ドライな雰囲気になっていきます。

ある電気製品製造の会社にいた方は、合併に次ぐ合併で事業が統合され、そこに外資ファンドも入ってきて経営陣がかなりドライになり、ついていけなくなったと漏らしていました。また、ある半導体関連の会社にいた方は、事業の閉鎖によって競合会社に吸収合併されてしまいましたが、吸収された側の人の居心地はかなり悪く、何かにつけて軋轢が生じたせいで、転職活動をせざるを得なくなったといいます。

実際、合併後の社内の空気が合わないという理由で転職活動をした方からは、「もし私が社長であったとしても、この合併という決断をしたと思います。正しいとは思うのです。でも結果的にこういう決断をした会社で働きたいかといえば、ＮＯです」という言葉を聞きました。

「正しいかもしれないけれど、好きになれない」正論のみが支配している会社では、人はその会社から心が離れていくのだと思います。

コスト削減が中心業務

転職相談においては、こうした会社に勤めていた方から「上は現場をわかっていないんです」という言葉がよく聞かれます。

「本当なら会社は辞めたくないのです。うちの会社はこれまでに本当にいいものをつくってきた。私も自分の会社の製品が好きなのです。ただ、効率と効果を優先して、コストダウンのことばかり指示する上司や、業務を標準化するばかりで社員の経験値を評価しない会社のしくみにはとてもついていけない」というようなジレンマを抱えている方がいます。

上司は現場のことをわかってくれないのに「もっと価値を創造しよう」とか「つねにチャレンジし続ける」というような、きれいごとの掛け声ばかりかけてくる。そこで働く方の心に訴えてくるような言葉が、出てこないのです。今、働く方が心のよりどころをなくしていると感じます。

私はいわゆる新しいもの好きで、家電やパソコンなどの新製品はよくチェックしているタイプの人間です。ですから「ものづくり」をしている方々をとても尊敬しています。メーカーの方の「もっといいものをつくりたい」「もっといいものを売りたい」という真っ直ぐな思いに触れると、とても感動します。ところが、GDPに占める製造業の割合が約2割、第3次産業が約7割という現状から見てもわかるように、製造業では今経営難の嵐が吹き荒れています。

あるメーカーに勤めていた中堅社員の方は、部品製造の協力業者にコストを下げてもらうのが主な仕事だったそうです。円高のときは「円高なので部品の値下げに協力してほしい」と、業者に無理をきいてもらっていました。やがて、極端な円高からある程度の円安方向へと流れが変わりました。しかしながら、会社側としては、そこで業者に「円安に戻ったから価格を上げていいよ」とはいいません。

当然ながら、業者サイドからは「円安で輸入材料の仕入れ値も上がっている。取引価格を上げてほしい」という相談がありますが、上層部はそれを受け入れてくれません。いちど決めた価格なのだから、これからもできるだろう、というわけです。

あいだに挟まれている担当者は、心が折れてしまいます。

さらにいえば、コスト削減のために、偽装や不正すれすれのグレーな部分を容認する会社側、それを押しつける上司に落胆して、転職を決意したメーカー社員の方もいました。

メーカーに勤める人のモチベーションは、「自分たちもお客様も満足するいいものをつくって、それを世の中に広める」ことだったはずです。しかし、こうした心のよりどころをもつことができなくなりました。

コストを削減したり、効率を上げたりすることそのものが目的になってしまいました。これらは、「よいものをつくり、お客様に喜んでいただく」という本来の目的のための、ひとつの手段であったはずなのに、コストを削減することが働く人の中心業務になってしまったのです。

コスト削減、効率優先といったことだけが目的化してしまったこと。それが、うつ化に至る大きな要因のひとつです。

外科手術でも治らないわけ

人がうつにかかってしまった場合は、いったん休養をすべきでしょう。大企業にお勤めの方であれば、産業医の診察を受けて「がんばらなくても大丈夫ですよ、今は休みましょう」といわれて、休暇をとることができるかもしれません。実際、多くの大企業では、「ある程度の割合で心を病む人は出てくる」という前提の「うつ対策」をしています。人事管理のうえではいわば織り込み済みなのです。

しかし、会社は、調子が悪いからといって休業するわけにはいきません。会社は四半期ごとに決算を出していかなくてはいけませんから「しばらく休みます」という悠長なことはいっていられないのです。

したがって、「業績が下がる」というような不調が続いたときには、「外科手術」を行うこともあります。

その外科手術とは、会社のなかで足を引っ張っている部門、負担となっている人件費などを切り捨てればいいというやり方です。リストラ、営業譲渡、事業売却、合併、経営層の交代などなど、本体と切り離したり、何かと結合させたりして、新しく生まれ変わろうとするわけです。

こうした大手術のおかげで、一時的な改善は見られるかもしれません。経営の数字だけを見れば、「今期はリストラのおかげで赤字から脱却することができた」と、一定の評価を得て、株主を納得させることはできるでしょう。

しかしながら、「選択と集中」と称し、リストラをしながらも一方で新しい人を採用し続けるような会社の姿勢に落胆して、転職を決意した部品メーカー勤務の方もいました。

また、外食産業のある会社に勤めていた方は、短期間で不採算部門を見切り、店長とスタッフをリストラしながら撤退と進出をくり返す会社の方針に、長く勤めていても非常に不安を覚えたといいます。

会社は、このような外科手術ではよくならないことは明らかでしょう。むしろ、こうしたリストラなどの対症療法的な外科手術をきっかけに、うつ化が始まったり、社内のムードが悪くなってしまう会社は多いと私は見ています。

好業績にも隠れたうつ化がある

うつ化する会社の典型として、業績が悪化しているメーカーを例にあげましたが、売り上げや業績が悪い会社だけがうつになってしまうのかというと、そうではありません。

どんな人でもうつになる可能性はあるといわれているように、すべての会社にうつ化する可能性はあるのです。うつとは無縁と思われる「前向き」な会社であってもそうです。ここからは、業績は悪くないのに、気がついたらうつ化していそうな会社のパターンを見ていきたいと思います。

ハイテンション会社のうつ化

その元気や明るさが、自信や誇りを源《みなもと》にしたものではなく、単にテンションが高いだけ。ハイテンションうつ会社と名づけたくなるような会社があります。とくに社歴の浅いベンチャー会社やインターネット業界のなかに、出現しやすいといえるでしょう。

こうしたハイテンションうつ会社では、思慮深い意見や批判精神をもった意見が、「ネガティブ思考だ」「スピードが勝負だ」といって簡単に切り捨てられる傾向があります。

たとえば、景気のよかった時代の営業成績を引き合いに出して、今の現場の状況を顧《かえり》みることなく、「前回の実績ではできたはずです」とあくまで前向き。状況に鑑みて少しでも慎重な発言をすると、「ネガティブなことはいいから、ポジティブな意見を聞きたい」という意見や命令に抑え込まれてしまいます。

会議では、「圧倒的なシェアをとりに行く」とか「前年比２００％」といった威勢のいいスローガンが打ち出されます。ここで懸念材料をもう一度よく検討しようともちかけても、「できない理由を探すのではなくて、どうすればできるか考えようよ」などといわれてしまう。批判的な意見はいえないムードが漂っています。

とにかくポジティブであることが大事、ポジティブであるべき、というばかりです。しかし、こんな押しつけのポジティブでは、社員は本当の意味で明るくなれません。「四の五のいわず、やるしかないのだ……」と、社員を息苦しくさせるばかりなのです。

また、気持ちの問題だけではありません。そのネガティブな情報や発言を吟味することなく、そのまま排除してしまうやり方にも問題があります。ポジティブであろうとするあまり、臭いものに蓋をして、懸念材料についてきちんと考えたり、対策を練ったりしないでやり過ごす。それがいずれ、何かの機会にトラブルのもとになり、行き詰まってしまうこともあるのです。

成長戦略以外を認めないつけ

こうしたハイテンションうつ会社にいる方のなかには、勤務時間以外の時間を利用して、ビジネスのセミナーに通っていたり、MBAを目指しているような方も少なくありません。

また、自己啓発本やビジネス書をたくさん読んだり、コーチングやさまざまなセミナーに行ったり、人脈づくりを目的としたイベントに参加している方も多いです。

もちろん、こうした勉強や自己研鑽《けんさん》は基本的にはいいことです。自分のなかの自然な向上心に添って取り組んでいるのであれば、とても有益でしょう。

ただし、その目的が「モチベーションを維持するため」だけになっているとしたら、それも手段が目的化してしまっているといえます。セミナーで具体的な何かを学ぶというより、テンションを上げるため、カンフル剤を打つために行っているような方です。何か学んだような気になって、勢いだけはあるのですが、傍から見ると空回り気味です。あえていわせてもらえば、底の浅さが透けて見えるような、薄っぺらい感じがするのです。

しかも、こうしたテンションの高い方が、どこかで糸がぷっつり切れて、やる気を失うというケースも多々あります。それに自己啓発本で何を学んでいるかわかりませんが、「人間というのは可能性に満ちているんだ！」とばかりに、やたらと高いテンションを職場にもち込んで、周囲を疲れさせる方もいます。こうした方がたくさんいるのが、ハイテンションうつ会社の特徴でもあります。

ニュートラルなテンション、つまりふつうの方は、この勢いについていけなくなって、調子を崩す人もいるのです。

こうした会社の会議では、「君たちは変われるんだ！」とか「成長戦略を立てよ」など、鼓舞する言葉が飛び交います。おそらく、これまではそのハイテンションのおかげで業績も伸びてきたわけですから、それはそれで仕方がないのですが、このハイテンションが、いつの間にか自らを脅《おびや》かすものになってしまうのです。

反省や振り返りをしながら着実に歩むということなしに、「会社や自分を責めるような考えはおかしい」という論調で、そのまま突き進みます。

見極めなくてはならないのは、このテンションが何に向かっているかということです。とにかく「圧倒的なシェアをとりに行く」とか「成長戦略を立てよ」という言葉から見えてくるのは、結局は数字だけを追いかけているということです。仕事というよりも、ビジネスゲームとでも呼んだほうがいいくらいです。

ここで耐えられなくなった方からは、「上は数字ばかり見ているんです」とため息のような声が聞かれます。そして、「この会社はどこに行くんですかね」「大丈夫ですかね、うちの会社」「いよいよやばいんじゃないですかね」……などと、会社と距離を置くような言葉がつぶやかれるのです。

営業職で活躍していた女性の場合

こういう会議での発言はおうおうにしてポジティブな意見や正論ばかりになりがちで、本音がいえない人が増えてくる。正論を振りかざされると、人は逃げ道がなくなります。

誠実であればあるほど、こうしたハイテンションが苦しくなります。この息苦しさに耐えられなくなって、突然いなくなるような方も出てきます。ある日、会社に来なくなってしまうのです。前日まで元気だったのに、翌日から急に会社に来なくなるのです。

本音ではハイテンションに疲れているのに、会社からはさらにカンフル剤を打たれて、心の糸がプツリと切れたのでしょう。私が知っている方は、無断欠勤ののち、そのまま郷里に戻ってしまいました。

女性の営業で活躍していた方のなかにも、「もう営業は疲れました」といって、事務職への転職を希望している方がいました。それまでは実績もあげて、活躍していましたので、ほかの会社に面接に行っても「あそこの営業でがんばっていた人なら、うちでも営業をやりませんか」と必ずいわれたそうです。でも頑《かたく》なに拒否していました。

そこまで心が折れてしまったのはなぜでしょうか。

ご本人も少しあとになって振り返ったときにおっしゃっていましたが、その方が自発的なモチベーションで仕事をしていたわけではなかったからです。「君に期待しているよ」というハイテンションな周囲の声に応えるために、あるいは褒《ほ》められることがうれしくて、与えられた仕事をこなしていただけなのです。

褒められると「私は役に立っている」という気持ちになり、テンションは上がります。しかし、家に帰るとその反動でガックリと疲れてしまうような日々を過ごしてきました。

やがて勤続3年目を迎えた彼女は、「営業をやりたいわけではなかった」と気がついてしまったのです。ハイテンションな会社のノリに精一杯合わせていただけで、充実感や達成感はなかったといいます。

結局その女性は、「周囲の期待に応えるためにがんばっていただけ」だったのです。その期待にしても、「とにかく君はやればできるんだ」という単なるカンフル剤のような言葉でしかありません。褒められているのか、おだてられているのかわからない。具体的に自分のどの部分に期待をされているか理解できないまま期待されても、虚しくなってくるのでしょう。

周囲の人は前向き思考が強いので、少しでも慎重な話をすると、ネガティブだとして否定されてしまいます。本来はその意見もみんなで考えていくべきなのです。しかも、前向き思考の人たちは、振り返ろうとしません。そのため、彼らは自分が何か失敗をしても、謝ろうとしない、謝ることができないタイプの人間でもあるのです。

こうなると、「いつまでこの会社についていけるだろう」という不安に駆られる方は多いでしょう。うつ化した会社は、誠実な方であればあるほど、苦しくなってしまう環境です。

経験が評価されない「しくみ化」

数字的な成長だけを追い求める会社ほど、このままではダメだと、社員に対して変わることを要求します。

本来は、コツコツと同じことを積み重ねていく仕事も大切なはずですが、それだけでは評価は下がっていくばかりです。そういう仕事は、作業を標準化して、誰にでもできるようなしくみづくりを会社側は推し進めるでしょう。そして、「来年からはこの仕事はアルバイトがやります」というお達しがくるのです。

そうすると、正社員として働き続けるためには、次々と新しいことに取り掛からなくてはならない、ということになるのです。

それができない方は、どれだけ長く勤めていたとしても、新入社員やアルバイトと同じ仕事しかできない、という評価になってしまいます。それはつまり、年齢が上がるほど、その人の仕事の価値は相対的に下がってしまうということです。

以前であれば、経験を積んだベテランの仕事は評価されていました。しかし、しくみ化され、新人でもできるような仕事になったせいで、その仕事に長く携わっているベテランの方の評価が下がってしまったのです。

ある建築関連の商社では、仕事の評価と報酬制度が改正されて、経験値よりも結果重視になり、年長者に対して降格人事が発令されたという、あからさまな事例もあります。

また、同じような例では、尊敬していた上司がリストラされてしまって、数字にしかしがみつかない上層部に愛想が尽きたとして、転職をした不動産会社勤務の方もいました。この仕事のしくみ化については、別の項でも述べます。

業界トップでも離職率が高いわけ

このように、ハイテンションうつ会社では、業績を上げていても離職率は高いというケースが多く見られます。

「ハイテンションについていけない」「現実を見ないポジティブシンキングに違和感がある」という人が、疲れきって私のところに相談にくるケースもありました。

たとえ業績を上げていたとしても、働く本人を幸せにしているかどうか、という視点から見ると大いに疑問が残ります。

変わるということは、過去の経験があまり活かせなくなるということ。イノベーションをするたびに、その都度その都度、カンフル剤を打ち続けなくてはなりません。

カンフル剤が効いているところには、業績は順調で業界のトップシェアを占めるような会社もあります。当然のことながら「元気な、勢いのある会社」と見られがちです。ところが、このよいイメージが、かえってなかで働く方のメンタルを追い込んでいます。ハイテンションな社風に居心地の悪さを感じている人は多い。にもかかわらず、そのことになかなか気づきにくいのです。

世の中はポジティブを礼讃《らいさん》していますから、そのポジティブさが隠れ蓑《みの》となり、表面化しにくい。このままだと、どこかで行き詰まるかもしれないという不安を抱えながら、それでもそのハイテンションを止めることのほうがもっと怖いので、ラットレースのように走り続けるしかないのです。

挫折を知らないゆとりうつ会社

今どきの若者世代を象徴する「ゆとり世代」という言葉がありますが、このゆとり世代の特徴として「挫折をしないように生きてきたので、失敗することに慣れていなくて、社会に出てからちょっとつまずいただけで、大きなダメージを受けてしまう」というようなことがよくいわれます。

ゆとりうつ会社とは、こうした「若者の特徴」が表れた会社のことを指します。設立してまだ新しい若い会社にもその傾向は見られますが、「2代目が社長になった会社」でも散見されます。挫折を知らないゆえに「ゆとりうつ」に陥る危険性が高いのです。

創業社長は波瀾《はらん》万丈のなかで事業を拡大してきました。失敗を重ねながらも七転び八起きの精神で、経済成長の後押しもあって成長できたのです。

一方で、社長の息子は、経営学を学びに留学しMBAをとったりと英才教育を施され2代目の座に就きます。しかし、2代目のつらいところは、失敗を重ねて成長するという経験を積めていないこと。現場は、なんでも理論が先行する2代目にはついていけず、そこに経済成長の追い風もなく、新しい時代の困難に立ち向かわなくてはならない2代目社長。その壁をクリアすることがなかなか難しいのです。

そういった2代目社長から相談を受けたとき、私が、「まわりは『社長でいいですね』くらいにしか思ってないでしょうが、実は恐ろしく大変ですよね」と話すと、思わず涙される方は少なくありません。

　小さな失敗を重ねながら試行錯誤して成長してきた場合は、失敗から立ち直る術《すべ》を知っています。しかし、こうした経験がないと、些細《ささい》な失敗で意気消沈して、「さらなる失敗が怖いのでどう動いていいかわからない。こんなはずではなかった」ということになるのです。

　２代目社長になってから伸び悩んだ、あるいは倒産した、という話は珍しくありませんが、その原因のなかには、失敗の乗り越え方を知らない、ゆとりうつ状態の影響も大きいのではないでしょうか。

　また、ＩＴ業界などの比較的若い会社にもこのゆとりうつの傾向が見られます。ゲームなどの新しいビジネスモデルで世に出た会社が一気に大きくなり、時代の寵児《ちょうじ》としてマスコミに登場することがあります。これまで誰もやらなかったアイデアを世の中が評価してくれて、事業はどんどん拡大していくわけです。

　しかし、どんなに勢いのある会社でも、変化の早い業界ゆえの試練があります。それは、「このビジネスモデルもここまでが限界」とか「世の主流だった仕様が次世代のものに変わって、一気に乗り換え現象が訪れた」ということだったりします。ここで初めて行き詰まり体験、失敗体験をすることになります。

ところが、こうした勢いで成長してきた会社は、ひとつの構想だけで「世界に出るぞ」というくらいのところまで伸びてきたわけですので、失敗の経験がほとんどありません。

失敗体験を重ねておくということは成長に欠かせないことです。この話は就職や転職相談のときにもよくしますが、今の面接官は、成功体験を聞くことより、失敗体験や挫折体験を聞くことが増えています。

それはなぜかというと、失敗や挫折を経験して、そこから立ち直ることができる人には安心感があるからです。挫折を知らない人は、一度でも痛い目にあうと、それを立ち直れないほどのダメージだと受け止め、必要以上に自信を失うことも多いからです。

ゆとりうつ会社は、自分たちの事業に陰りが見えたときの対処でつまずきます。このとき、おうおうにして過去の成功体験の二番煎《せん》じのアイデアしか出せないわけです。方向違いの策ばかりを連打して迷走し、いっそう心が折れてしまうおそれがあるのです。

ブラック会社との違い

どのような会社がうつ化している会社なのか、ということを見ていくとき、「いわゆるブラック会社のことではないか」と思う方もいると思います。ブラック会社という言葉は私自身、定義があいまいで好きではありませんが、近年の労働問題を語るときにはずせないキーワードになっています。

ひと昔前は、ブラック会社というと、不法な営業をしている悪徳会社のことを指していましたが、近年主に、労働者の待遇を考慮せず、利益だけを追求するような会社のことをそう呼ぶようになりました。特に明確な定義がされているわけではありませんが、過重な労働を強《し》いて労働者を使い捨てにするような会社という意味合いで使われています。具体的には、長時間労働を強いられる、給料が極端に低い、社会保険や福利厚生制度が整っていないような会社を指す場合が多いようです。

こうしたブラックと称される会社に勤める若者が、「使い捨て」されることが社会問題になり、ここにきて厚生労働省も「長時間労働の抑制に向けた、集中的な取組」などを実施しました。

平成25（２０１３）年12月の厚生労働省の調査報告によると、使い捨てをしているかを判断するための項目は以下の３つです。

・違法な時間外労働

・賃金不払残業
・過重労働による健康障害防止措置が実施されていない

　さて、私がうつ化した会社の話題を切り出すと、「それはブラック会社ということですよね」と考えてしまう方もいると思います。

　確かに、過重労働によって睡眠時間が削られて、心身ともに負担が大きい環境は、うつになる要因が大きいといえるでしょう。

　しかしながら、私が問題にしている「うつ化した会社」は、「ブラック会社」とイコールではありません。いわゆるブラック会社の場合は、待遇そのものが劣悪で、離職率も高い傾向にありますから、うつになるまで居座る前に、嫌気がさしてすぐに辞めてしまう方が多いのです。

「働きやすさ」と「働きがい」

　ブラック会社はうつ会社とイコールではないと述べました。ならば、優良会社はどうかということになります。優良会社ということはつまり「働きやすい会社」ということになると思います。働きやすいのであれば、うつ化していないと思うかもしれません。しかし優良会社のなかにもうつ化する要素はあるのです。

日本経済新聞社がまとめた２０１２年の「働きやすい会社」のランキングデータを見ると、家電や電子機器メーカーといった大手会社の名前がずらりと並んでいました。そして、働きやすさの条件は「労働時間が適正である」「休暇がとりやすい」「社員の勤続年数が長い」「福利厚生制度が充実している」ということがあげられていました。

働きやすさとは、労働環境のことを指しているので、当然の理由だとは思います。ただ、もっと仕事のやりがいに直結するような理由があってもいいと思いますが、そうした理由は見当たりませんでした。

私が相談を受けるなかでも、仕事の内容や面白さよりも、「土曜出勤はあるか」「残業はどれくらいか」ということばかり気にする方が増えていると感じます。会社の人事担当者も「まず面接で休日出勤のことを聞かれる」と漏らしていました。

働きやすい会社ということは「従業員を大切にする会社」ということでしょう。ではこの「従業員を大切にする」ということは、具体的には何を指しているのでしょうか。

給料やボーナスが高いという報酬面でしょうか。あるいは保険が完備されていて、有給休暇や育児休職などもとりやすいといった福利厚生制度がしっかりしていることでしょうか。はたまた、おいしくてヘルシーな社員食堂があるなどの付加価値でしょうか。

もちろん、これらが充実していることは働く人にとって必要なことです。しかしこれはあくまでも「働きやすさ」にすぎません。制度や福利厚生以外に、もっと根本的な部分で大切なことがあります。

それは「働きがい」があるかどうかです。「働きがい」の大きな要素として、会社と社員とのあいだに信頼関係が築かれているか、ということがあげられます。

具体的には「仕事をまかせる」ことができているか、ということ。そして、たとえ初めは失敗しても「失敗を許す」という度量があるか、ということです。

会社側が社員に対して、誰にでもできる標準化された仕事しか与えないことは、信頼して仕事をまかせているとはいえません。果敢にチャレンジしたゆえの失敗に対して、寛容でないこともそう。社員に対して隠しごとが多いような風土も信頼関係を損ねます。

要は、仕事の権限委譲がされているかどうか。これが会社と社員との信頼関係のものさしであり、働きがいの基本だといえます。

働きやすい会社と働きがいのある会社は違う

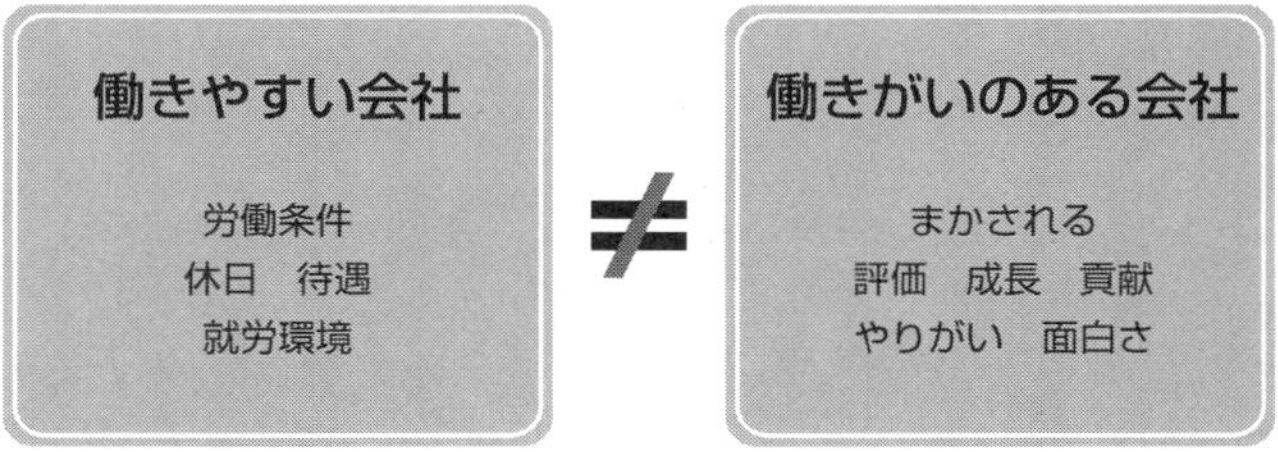

つねに監視されて息の詰まる職場

ＩＴ化、そしてオープン化が進んだ現在、職場においても「いつ、どこで、何をしているか」ということがガラス張りになりました。従業員は、つねに監視されているなかで仕事をすることになります。

転職相談者のなかには、「細かすぎる業務日報を提出しなくてはならない」「離席をするたびにどこに行くかと聞かれている」という職場での圧迫感を訴える方も少なくありません。

ある相談者は、

「営業などで外出する際、以前は行き先

を書いてその下に『商談』と書けばよかったのですが、細かい理由を書いて提出しなくてはならなくなりました。初めのうちは何でも報告できるほうが気が楽だと思いましたが、細かい理由が説明しにくい打ち合わせのときでも報告を要求されて……。ここまでしなくてはならないなんて、自分は信頼されていないのだなという気持ちになりました」と漏らしていました。

取引先やクライアントとの面会には、理由ともいえない理由もあるものですが、すべてを説明可能にしなくてはならなくなっています。

管理化され、説明を要求されるという点では、私が直接仕事でかかわる機会の多い会社の採用担当者も、「なぜその人を採用したか」ということに対して、論理的な説明を求められています。そうなると、採用基準が「誰が見ても納得する学歴や現職」となり、無難な人しか採用できなくなりがちです。

しくみ化で会社も社員も思考停止

ハイテンションうつの傾向がある会社ではとくに、数値目標を至上命題とする方針のもと、仕事をしくみ化していく流れが強まっています。

事業の規模拡大を図り、効率と効果を意識して、バラつきのない成果を安定的に生み出すためには、ある程度の標準化は不可避です。

しかし、標準化という名のもとに、人の可能性を封じ込めて、できるだけ安く、誰でもできることしか考えない窮屈なしくみを作り上げてしまった会社も増えています。

たとえば、営業職や販売職の場合、畑違いの分野からの転職者に、短期間で商品知識を身につけさせ、即戦力化を目指さねばなりません。しかし、そこで効率よく成果をあげるためには、できるだけ属人的でなく、誰でも同じような成果が出せるしくみを考えておくことが、経営のリスクマネジメントでは必須です。そのための施策としては、「企画書や提案書のテンプレート化」や「行動管理用の報告連絡業務の徹底」のようなことが行われます。

誰でも、会社の定めたとおりのことを実行すれば、そこそこの結果が出せる。こんなしくみに組み込まれて働く人は、限りなくそのしくみどおりに動くことを強いられてしまい、自分で考えて動く余地が少なくなってしまいます。

こうした思考停止状態によって、個人の創意工夫が封じ込められてしまう危険は大きいのです。

出張先に多店舗展開を進めている美味しいラーメン店があります。そこでは、「お客様お帰りです！　ありがとうございました！」と大きな声で店内のスタッフが合唱して送り出してくれて、とても威勢はよいのですが、私の水がなくなっていることには気づいてくれません。やることが決まっていて、やらなければいけないことが多いと、目の前のことが見えなくなってしまうことの現れです。ささいなことかもしれませんが、しくみ化、標準化によって人の可能性が摘《つ》み取られていることを感じます。

しくみ化が、「これは私でなくてもできる仕事だ」というモチベーションの低下を招いているのです。

第3章　反「共感」、反「やりがい」が進行中

会社が発するうつ化のサイン

前章までに、うつ化する会社にもさまざまなパターンがあるということ、ブラック会社とはイコールではないこと、そして、業績もよく、社会への貢献度も高い優良会社であっても、うつの傾向があるかもしれないということを述べてきました。

ご自身の会社が「もしかしたらうつ化しているかもしれない……」と思われた方もいるのではないでしょうか。もしくは、「うつ化しているかどうかを判定することができたら、対処のしようがある」と思う方もいるかもしれません。

私は転職や就職希望の方だけでなく、会社の面接官の方へのコンサルティングもしています。彼ら採用担当者のなかには、「うつになりそうな人の見抜き方を知りたい」とおっしゃる方が少なくありません。「うつになりそうな人＝採用すべきではない人」という頭のなかの図式が見えてしまいます。実際に、適性検査でストレス耐性が弱いと判断された方は、どんなに仕事ができそうであっても採用しないという担当者もいます。

しかし、適性検査ではストレス耐性が強かったのに、会社との相性が悪くて、うつを発症することだってあります。さらにいえば、うつ化した会社で働いていると、一般的にうつにはなりにくいタイプに分けられるような方でも、うつになってしまうかもしれません。うつになりそうな方を見抜いて、ひたすら排除しようとする会社側の姿勢そのものが、うつ化している証、ともいえます。それよりも、社員ができるだけ元気に働けるように、適正な労働基準や福利厚生はもちろんのこと、経営のありかた、目指すべき方向性、社員との関係を熟考していくことが大切なのではないでしょうか。

会社側にとっては、うつになりそうな方を見抜いて排除するのではなく、反対にわが身である「会社のうつ傾向」を見抜いて、少しでもいい方向に改善していくことのほうが、最終的にはうつになる社員を増やさないことにつながります。それが、結局は会社にとっても有益なのです。

また、自分の会社がうつ会社ではないかと感じる方にとっては、自分自身や会社を責めるのをやめることが大切。そのうえで、うつ会社とどうつきあっていけばいいか、という対策につなげていくのです。

この章では、まず会社がうつ化するときに表れるサインをチェックしつつ、うつ化しやすい会社とそうでない会社とは何が違うのか、ということについて考えていきます。そこから、うつ会社とうまくつきあう方法も見えてくるのです。

サイン1　上司の態度

ここ最近、転職を決断したきっかけが「パワーハラスメント（以下パワハラ）」というケースが増えてきました。

転職希望者の方との相談の場ではもちろんですが、私が全国各地で行っている転職者向けのセミナーでも、質疑応答の際にパワハラについて聞かれることがあります。

厚生労働省の調査によると、都道府県労働局などへのいじめ・嫌がらせ相談の件数は、平成14年度６６２７件（相談全体に対する比率６・４％）であったのに対し、平成24年度は５万１６７０件（同20・３％）と、10年前に比べて実に約8倍にも増えていました。

ひとことでパワハラといっても内容はさまざまですが、厚労省で例としてあげているもののなかから、私も実際の相談でお聞きした内容と重なるものをいくつかご紹介します。

精神的な攻撃としては、「人格を否定されるようなことを言われる。お前が辞めれば、改善効果が３００万出るなど会議上で言われた」や「ミスを皆の前で大声で言われる」などはありがちです。

過大な要求としては、「休日出勤しても終わらない業務の強要」といったことや、反対に過小な要求としては、「営業なのに買い物、倉庫整理などを必要以上に強要される」というようなことまでさまざまです。これは私の相談にはありませんでしたが、厚労省の資料のなかには「足でけられる」などの身体的な攻撃もあります（参考「みんなで考えよう！職場のパワーハラスメント／あかるい職場応援団」）。

パワハラという言葉からは、若者が上司から受ける被害というイメージがありますが、97ページの図表3の調査によると、20代、30代だけでなく、40代、50歳以上の人も若い層とほぼ同じ割合でパワハラを受けている実態があります。

今は管理職が年下という場合もありますし、「ベテランの居心地が悪くなっている」ということが読み取れます。

役職があっても降格することも珍しくなくなり、「自分の居場所がいつなくなるかわからない」「代わりはいくらでもいる」という状況のなかで仕事をしているのです。

急にパワハラが始まったわけ

さて、パワハラに悩んだ末に転職活動をされている方々の話をお聞きしていると、「パワハラが急に始まった」というケースが少なくありません。なぜ急にパワハラが始まったのでしょうか。それは、パワハラする当事者の問題だけでなく、会社がそういった人を生む雰囲気になってしまっているといえます。

多くの場合その背景は、本業の業績悪化が大きな要因です。ここしばらくの不景気、世の中のニーズの変化に対して、「メインの事業が競合にさらされて非常に厳しくなった」「構造的にこれからは成長が見込めないものを扱っている」というケースが多くなっているのです。

メインの事業が先細り、業績悪化の不安が募って、会社全体が余裕を失ってしまった。そのせいで社内がささくれだってしまったことが、パワハラを招いています。事業の先行き不安を感じた上層部の、その不安のはけ口がパワハラとして顕在化しているのです。

ものごとが順調にいっているときであれば、自分の心に余裕があるので、「性善説」でもって人と接することができます。業績がよいときには余裕があるので、上司もものごとにはおおらかに向きあえるでしょう。

もし今の会社の扱っている商材が、将来に向かって先細りになっているものだったり、業績が芳《かんば》しくなく、上司が経営陣から強烈にプレッシャーをかけられて、余裕が感じられなくなり、顔がどんより曇ってきたら要注意です。

図表2　従業員調査・あなたが受けたパワーハラスメントの内容

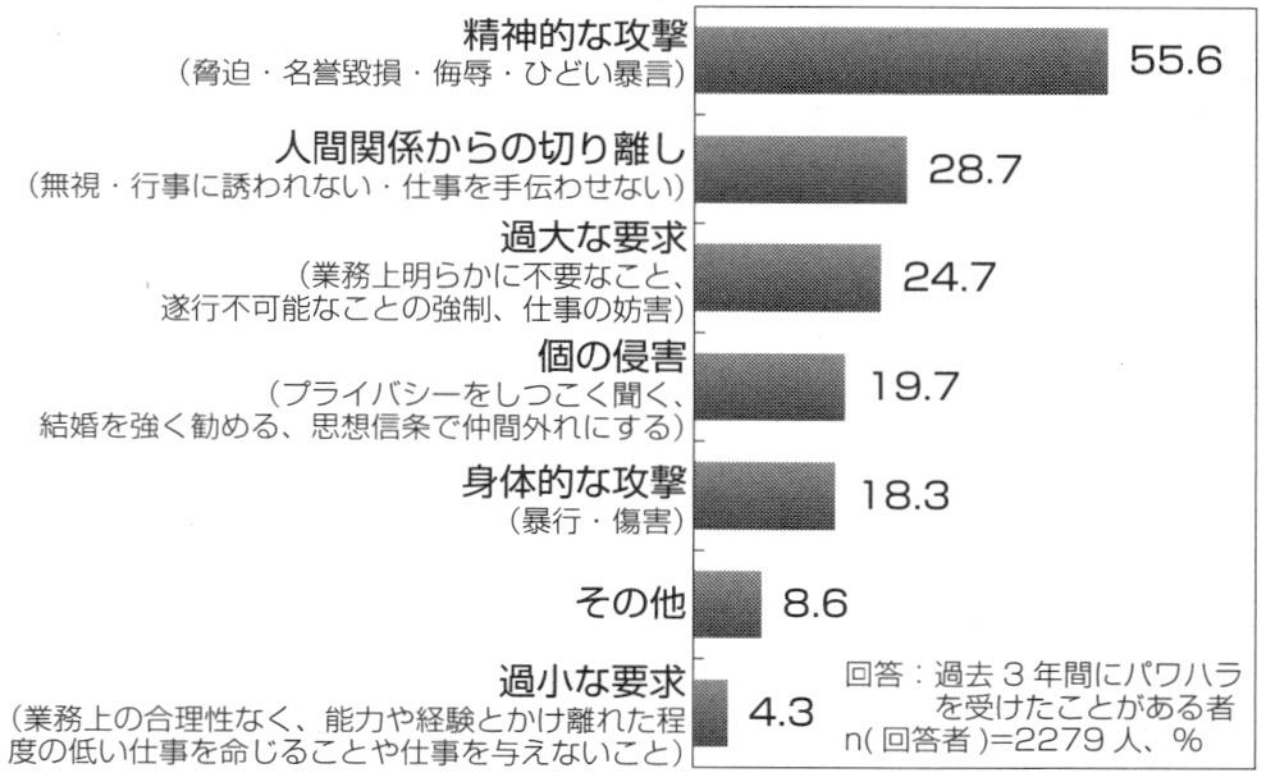

図表3　過去3年間のパワーハラスメントを受けた経験の有無

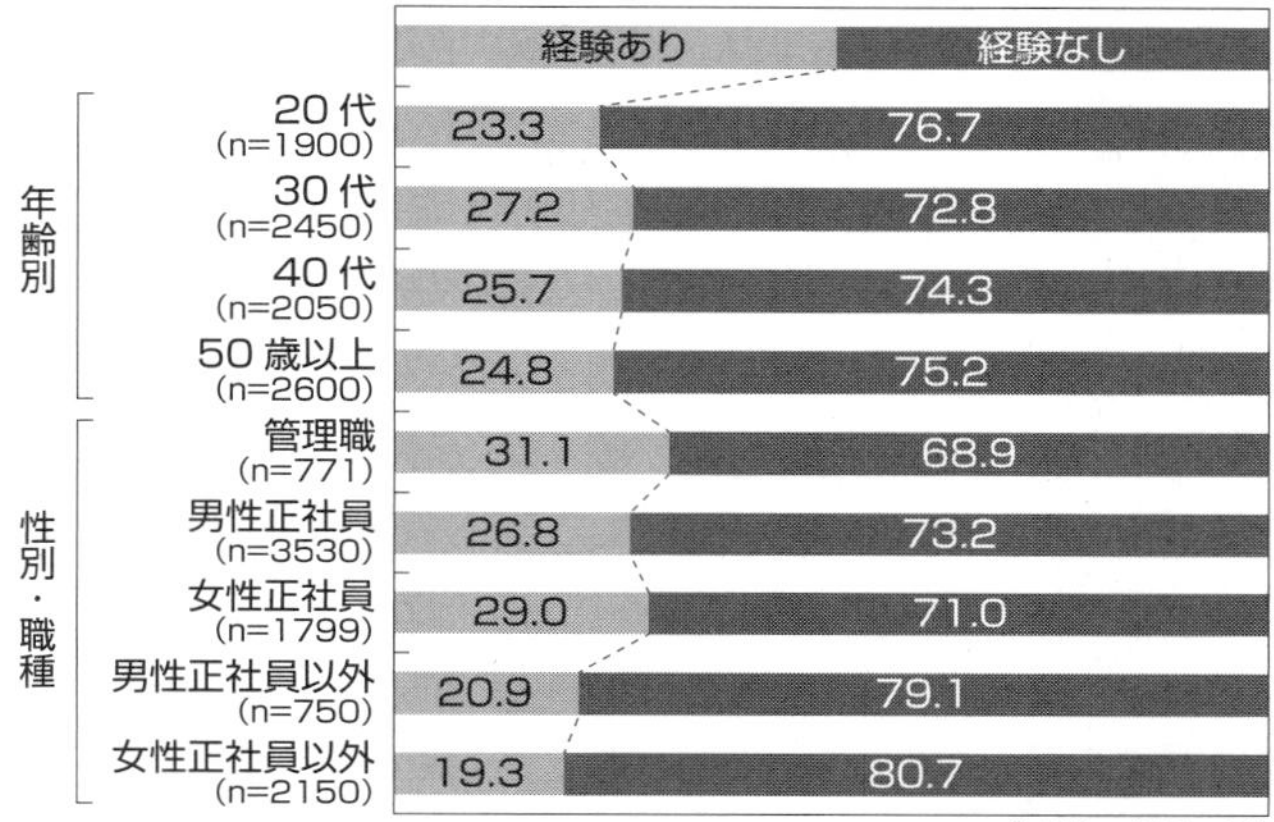

（回答：全員、%）

出典「みんなで考えよう！職場のパワーハラスメント／あかるい職場応援団」
（2012年、9000名を対象に調査）をもとに作成

「上司が昼食を抜く、あるいはごく短時間で済ませて、部下も同じようにしないと気まずい空気になる」「メンバーを叱ることしかしなくなる」「上司がムダに遅くまで会社に残っている」「雑談がなくなる」「職場から自然な笑いがなくなる」などといったことも、その兆候だといえます。

サイン2　現場を無視する

インターネットやIT業界のように、成長産業とおぼしきところの会社にも見られるうつ化の要素があります。

①背景──いつどんなサービスに置き換わるかわからない

ネットや通信の世界は、新しい技術やプラットフォームと呼ばれるしくみの土台がめまぐるしく塗り替えられながら成長しています。たとえ今は主流でも、あっという間に陳腐化してしまい、まったく思いもよらない伏兵にごっそりやられてしまう、というようなことが起こりがち。犬やねずみの成長速度のように速いという意味のドッグイヤー、マウスイヤーという言葉さえ死語となってしまうほど、さらに変化のスピードは増したのです。

うつ会社のサイン

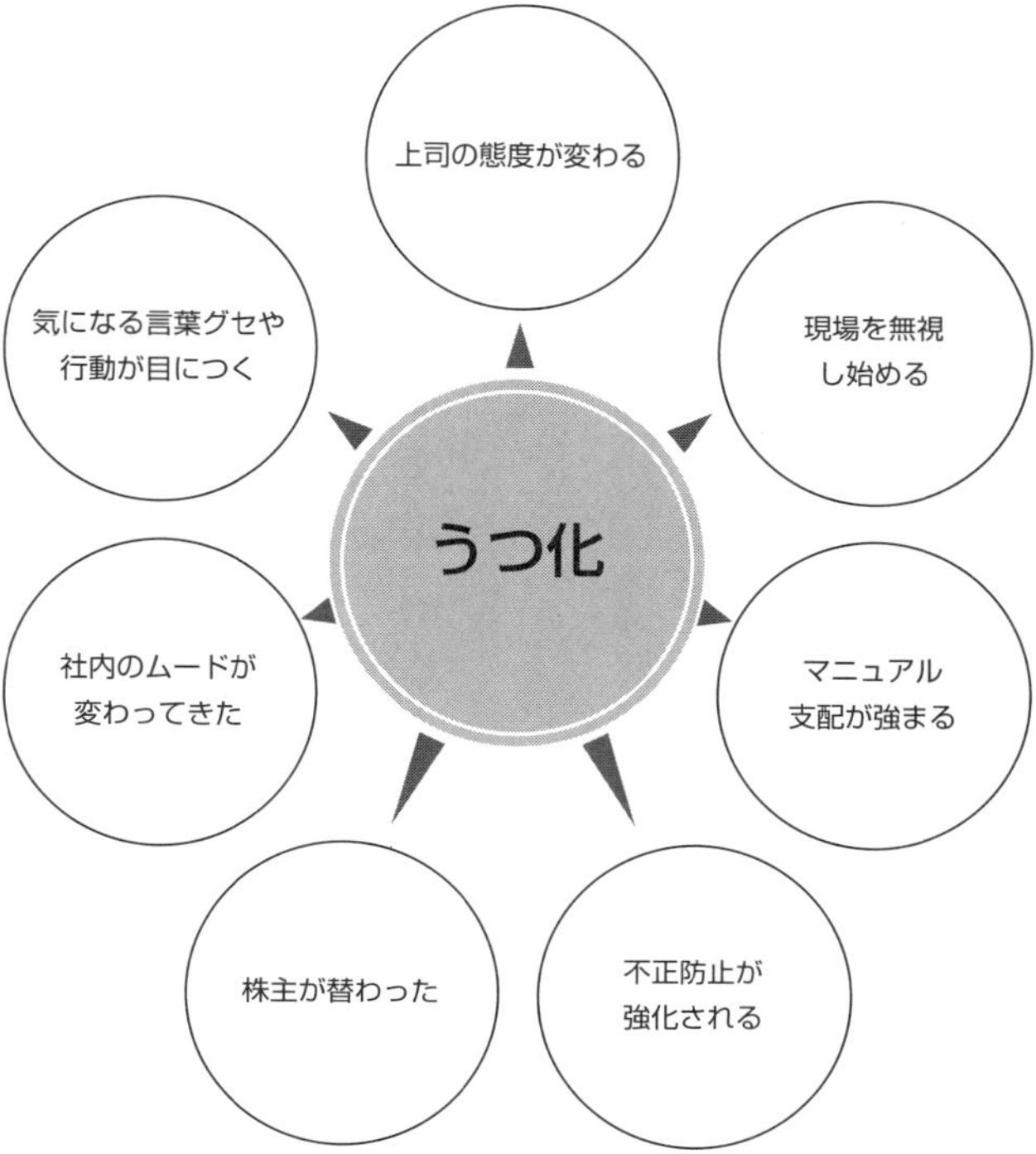
うつ化
上司の態度が変わる
現場を無視
し始める
マニュアル
支配が強まる
不正防止が
強化される
株主が替わった
社内のムードが
変わってきた
気になる言葉グセや
行動が目につく

たとえば携帯ゲームの世界。ガラケーからスマホに変わることで、特定のプラットフォームに依存せずにアプリを買えばゲームができる環境に変わり、強いプラットフォームを構築していた会社の優位性があっという間に薄れました。また、SNS（ソーシャル・ネットワーキング・サービス）の栄枯盛衰の速さについては、みなさんもよくご存じのことでしょう。いつどんなサービスに取って代わられるかわからない……。誰も先を読めないまま転がり続けるしかない状況です。

こうしたなかで、会社が「変化しなければならない状況」とどう向き合おうとしているかが、「うつ化」のレベルを見定めるポイントです。

②実態―うつ会社ほど現場の声を聞かない

急激な変化を迫られるようなピンチのとき、うつ化している会社ほど視野が狭くなり、現場の声を聞こうとしません。成功体験があればそれに固執しますし、逆に、今までのことはさておいてゼロベースで考えよう、というようなリセット思考に陥り、経験値は新しい思考の妨げになるからと無視されることもあります。また、頭で考えたロジックだけで解決しようとしたりもします。

転職相談を受けていても、「トップが現場をわかっていない」という声をよく聞きますが、これはつまり「これからの会社の方向性を相談されていない」「現場から進言しようとしても機会がない」という不満が鬱積《うっせき》していることが多いのです。

確かに、今までの価値観では通用しないので、新しい価値観を取り入れなければならない場面はあります。現場にも当事者意識と参加者意識をもってもらうためには、頭で考えるよりも、まずはみんなで知恵を出し合うような取り組み方が大切です。

肝心なのは「現場の声を聞く」ということです。まず現場で何が起きているのか、経営陣がマネージャーの報告や数字だけ見るのではなく、自分の目でしっかりと確かめること。そして、ピンチのときほど感情的にならずに、冷静に判断して舵取《かじと》りをしていかなければなりません。

うつ化しにくい会社は、現場の生《なま》の声を聞くために「社員に相談」をします。人は相談されると「自分は信頼されている」と感じて、精一杯考えるものです。転職者の方の「相談されたらがんばるのに」という不満からもそのことが垣間見えます。

ところが、うつ化した会社は、現場の声を聞くとしても、「何か意見をいえ」というような態度になりがちで、現場の社員からは、「そっちで何とかしてくれ」というような反発を生むことが多いのです。

サイン3　マニュアル支配

たびたび述べてきましたが、会社は今、ベテランがいなくても仕事がまわるようにするしくみづくりをしています。これが今ビジネスをグローバルに拡大するためにも欠かせないことだというわけです。

たとえば、これからは中国やインドネシアでも、日本と同じような品質のものを現地の人につくってもらわなくてはなりません。現場の指導者の苦労にははかりしれないものがあり、その労力を減らす意味でも、ベテランの職人でなくとも、パートの人でも誰でも製品づくりができるように工程を設計したり、マニュアルを整備しておくことが求められています。ものづくり以外の分野でも、誰もが一定の仕事がこなせたり、サービスが提供できたりするように、会社は「仕事の標準化、しくみ化」を進めています。これは裏を返せば、経験値による価値がどんどん活かせなくなっていくことです。仕事の標準化、しくみ化の徹底によって、ベテランの居場所も元気もなくなってしまいつつあります。

人は、「あなたでなければ」と頼られることでがんばれるものです。しくみ化は、社員が存在価値を感じられないような事業環境を生み出しているのではないでしょうか。その危険性を感じていない会社は「うつ」の土壌をもっています。さらにしくみ化は、その下の世代にも影響を与えるでしょう。

実際、中高年のベテランの方との転職相談では、会社が好きで忠誠を誓ってがんばってきた方が、「自分の居場所がなくなった」と嘆いています。前で述べたとおり、会社が仕事のしくみ化を進めたことで、経験値が評価されなくなってしまったのです。

１０５ページの図表４のグラフによると、「転職活動を始めた理由のなかで、最も強い活動理由をひとつお選びください」という質問に対する回答は、全体では1位「会社の将来に不安を感じて」、２位「時間的・精神的ゆとりを求めて」、３位「やむにやまれず（リストラ・倒産など）」という順位になっています。

長く勤めたい気持ちはあっても、将来への不安やリストラが大きな転職のキッカケになっていることを表しています。

さらに年代ごとの特徴を調べてみると、30代後半の層は、若手よりも、「評価に納得がいかなかった」「上司または同僚と合わなかった」を選ぶ比率が高くなっています。

逆に若い層は「時間的・精神的ゆとりを求めて」「新しいキャリアを身につけたい」「職種

または業種を変えたかった」を選ぶ比率が高くなっています。

ベテランは経営不安を除くと「評価」が理由で転職を決める。一方で若い人はそうした先輩を見て、変化や成長が感じられないときに、転職をリアルに考え始めるという様子がうかがえます。

「ゆとりを求めて」は、実際はゆとりを増やしたいのではなく、もう少しまともに休みたい、といった切実な要望のほうが多いだろうと、日々の相談を受けていると実感します。

販売の仕事を長く続けてこられた相談者に、なぜその仕事をずっと続けようとしないのかを聞いてみました。すると、「今以上のスキル向上を会社から求められない」ということの閉塞感を訴えられました。一定のところまでできれば、あとは同じことのくり返しだというのです。

これは見方を変えれば、あるレベルから先は経験値ではなく、安く雇うほうがよいという会社の意思が反映されているからともいえます。

私は、丸亀製麺でおいしいうどんを食するたびに、年配のスタッフの自然な接客に心地よさを感じますし、飛行機に乗ればベテランＣＡの「目で会話する」おもてなしにくつろぎを

図表4　転職活動を始めた理由のなかで最も強い活動理由

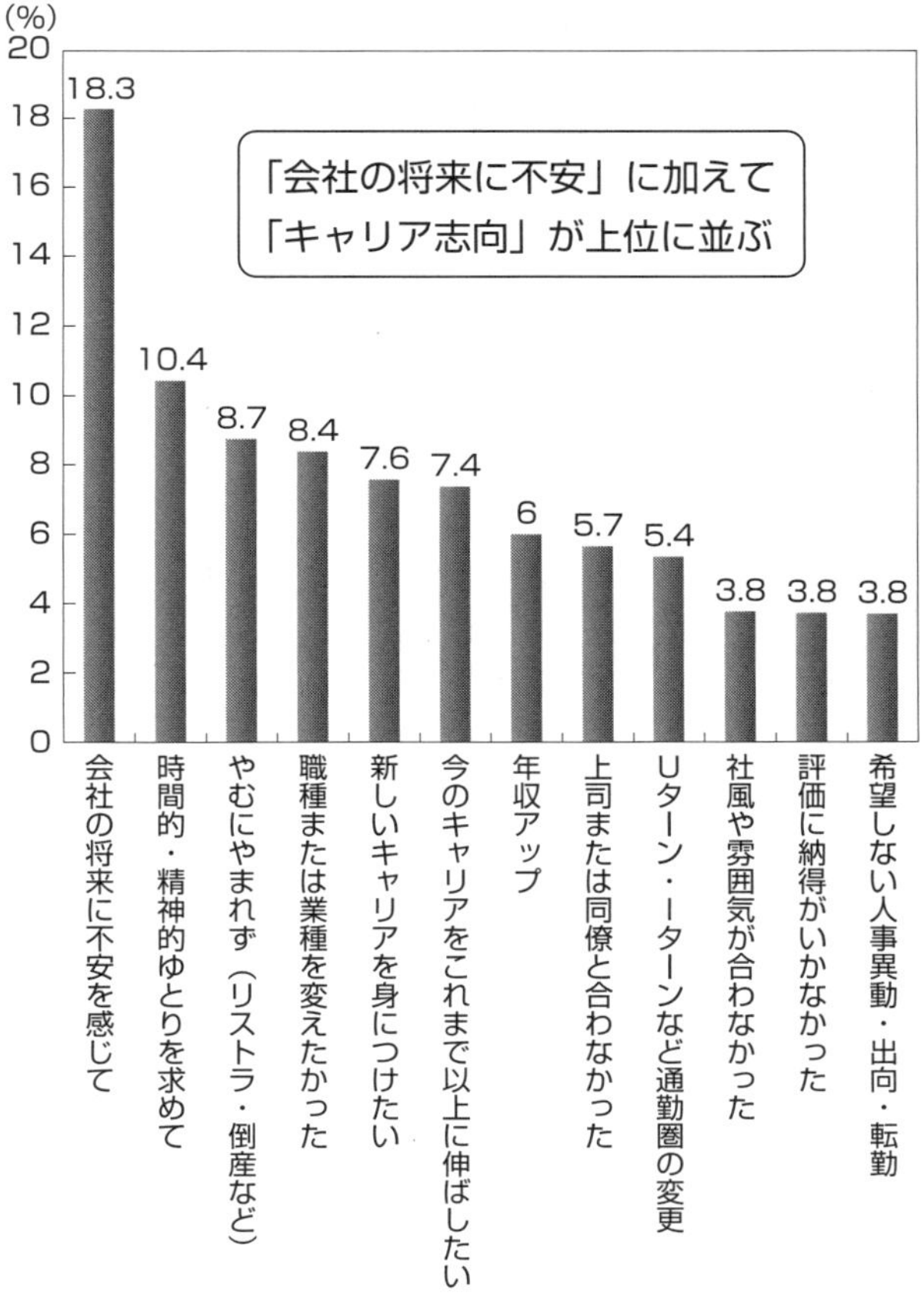

出典「第25回転職世論調査」（2013年、リクルートキャリア）をもとに作成

感じます。人生経験豊富な方のスキルに気づいていない会社は、とてももったいないのではないでしょうか。しくみやマニュアルで計れない、会社の貴重な財産であるはずです。

しかし現状は、グローバル化という理由以外にも、雇用は限定正社員や契約社員、派遣社員などで人件費を抑える方向へとシフトしており（107ページの図表5を参照）、仕事のしくみ化、マニュアル化に拍車がかかっているのです。

サイン4　不正防止の強化

会社のお金を着服するという不正は昔からありますが、今はそれ以外にも「顧客データ」を持ち出すというような重大な犯罪も起こり得ます。会社側はそれを防ぐために大金をはたいてダブルチェックのしくみを設けたり、データにアクセスできる権限を細かく決めてセキュリティを強化するなどして、不正の余地をなくすことが求められています。

2005年から個人情報保護法の施行もあって、このような対策が強化されるのはいたしかたないとは思います。しかし、こうした対策は、「社員の出来心を生まないため」という思いやりに立脚するべきもので、本来は従業員のための施策です。いずれにしても、働いている側は、その親心に気づくことができず、なんとなく「自分たちが信用されていない」と

図表5　過去5年間で正規から非正規への異動割合が上昇

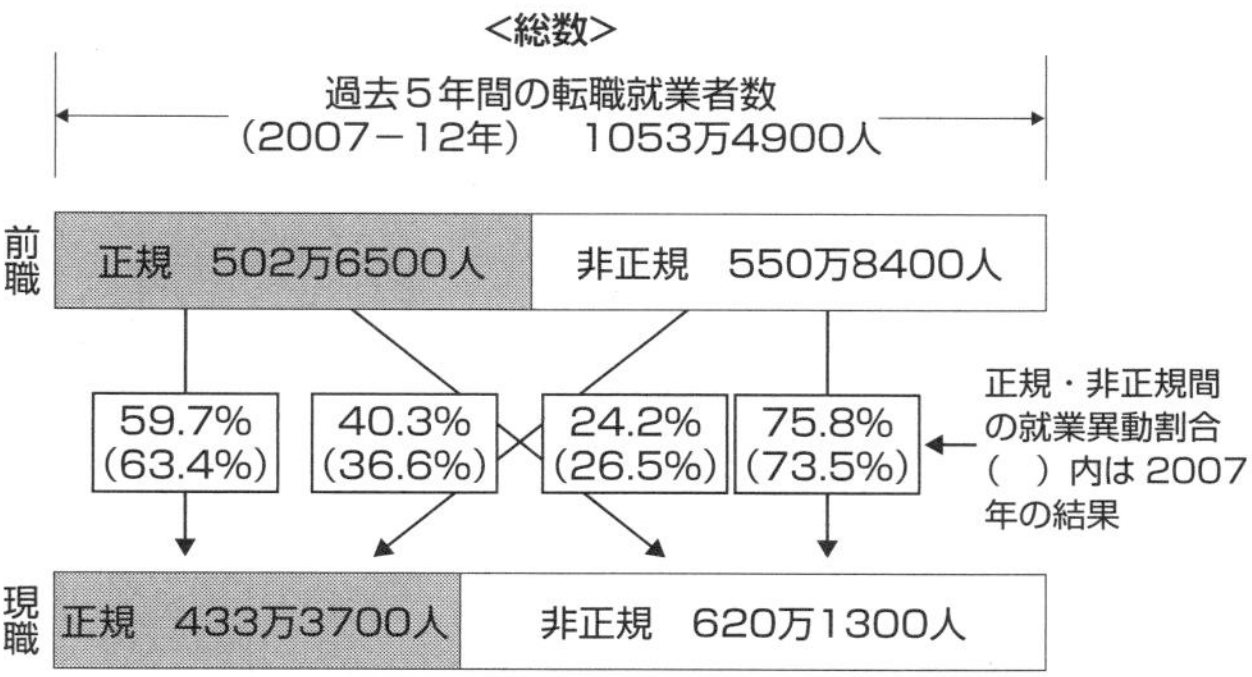

出典「平成24年就業構造基本調査」(総務省統計局)をもとに作成

いうように感じることがあります。人は自分が信用されていないと思うと忠誠心が弱まり、モチベーションが下がるものなのです。

こうしたムードのなかで、会社に対して何か別の不信感が生まれたりした場合、上司を信じることができなくなったり、自分自身の自信も揺らぎ、心のよりどころがなくなります。そうなると、矛《ほこ》先《さき》が自分に向いた場合は本人の心が折れてしまいますし、会社に向くとひどく会社に批判的かつ攻撃的になってしまいます。

これでは会社と社員の関係が悪化するばかりです。

会社としても社員の出来心を防ぐ策は必要ですが、あらゆるものを性悪説で構築しようとすると、いい結果をもたらしません。

たとえば、「罰則ばかりが目立つ」「必要以上に日常の行動にも厳格なルールが張りめぐらされている」など、社員のことが信用されていないようなしくみ。具体的には、「日々、どこで何をしてどうなったか、細かな業務日誌を書くことが義務づけられている」「気軽に席を立てない雰囲気がある。席を立つ際にはどこに行くかを必ず上司に伝えねばならない」「12時にならないとお昼に出られない」といった場合などは、要注意といえるでしょう。

実際に転職相談を受けていても、「会社や上司から自分が信用されていない」といった息の詰まるような居心地の悪さを訴える方は、5人に1人くらいはいます。決して少なくないのです。

ただ、会社の悪口をいっても面接では印象が悪いということで、ほとんどの人はそういった不満は話さないだけなのです。

サイン5　株主の変化

株主構成も、うつ傾向を知る参考になります。欧米にならい、株主優先の経営が日本でも一般的になってきているので、資本関係をチェックすることは会社の状態を理解するために有効です。

もし、その会社の株を投資会社が保有していれば、投資者や株主に対しての説明責任を重んじる経営を強いられます。外国の投資会社であればなおさらでしょう。

利益をあげるためにリストラをしたり、収益性の低い事業を身売りするなど、経営資源をどこに集中させるか、選択と集中によって非常にドライで合理的な経営が求められます。

たとえば、メガネレンズなどで知られる総合光学メーカーのＨＯＹＡは、もともとはオーナー会社でいわゆる「日本的な会社」でした。しかし、早い段階でアメリカ的なガバナンスを取り入れて、今や50％以上が外国人株主というグローバル会社に変わり、記憶に新しいところでは、カメラで知られる老舗光学機器メーカー、ペンタックスと合併。その後は、ペンタックスの事業の一部をリコーに譲渡するなど、合理的かつスピーディーな経営色が濃くなっています。

反対に、オーナーとその親族の保有する子会社が主な株主であれば、意思決定は遅いですが、オーナー一族の考え方が如実に経営に反映されやすくなります。

また、一概にはいえませんが、本業とは関係のない会社が株を取得するようなときには、かなりばっさりと合理的に経営刷新の判断をすることが多いので、そのやり方には要注意です。従業員の気持ちを無視したかのような経営手法をとれば、会社のうつ化を促進するのはいうまでもありません。

サイン6　社内のムード

表立ってトラブルや業績悪化が明らかにされていないにもかかわらず、上層部のイライラとしたムードが会社全体に伝播《でんぱ》すると、余裕のない、ささくれだったムードになってくるものです。

これは、そこに勤めている人であればひしひしと感じるのでしょうけれど、社外の人にはわかりづらいかもしれません。

たとえば、転職の際に応募先のことを知るための基礎的なものは「求人情報」です。求人広告や求人票に労働条件や、会社・仕事の特徴、求める経験、能力や人物像などを記し、候補者の理解を促します。しかしながら、求人票を見ているだけでは、その会社のもっている雰囲気は正直なかなかわかりません。

百聞は一見にしかず、とはよくいいますが、まさにそのとおり。実際に行ってみると、オフィスのレイアウトや社員の仕事スペース、使っている従業員用の椅子、掲示物、ゴミ箱、ポスター、置いてある新聞や雑誌、時計など、あらゆるものから、その会社らしさの情報が発信されています。

そうした部分からも、会社のリアルな姿を見つけられることがあるのです。

たとえば、急に本社が移転をしたという会社を訪問したときのことです。そこは、埋め立て地の倉庫を改装したのでしょう、だだっ広い空間をパーティションで区切っただけ、というようなものでした。まるで貸会議室です。理由は業績が急激に悪化して、銀行が経営陣に入り、不動産売却や本社移転を余儀なくされたためということでした。会社の置かれた状況というものが、オフィスの雰囲気に歴然と表れているわかりやすい例でした。

他にも、社内がとても散らかっているとか、ゴミが落ちているのに誰も拾わない、掲示物や置いてある雑誌が古いまま、掛かっている時計や絵の額が傾いている、照明の節約度合い、エレベーターの中の暗いムードなどに「どうも殺伐としている」というようなことが感じられるとしたら、注意が必要でしょう。

ただし、これらは、その会社の本来の「性格」なのか、そうでないのか、白黒の判断ができない類《たぐ》いの情報ではあります。

わかりやすい例として、以前訪れたときは明るい雰囲気だったのに、軽口もたたけない空気になったり、急にピリピリしたムードになってきたという場合は、うつの兆しと見ていいでしょう。

サイン7　言葉グセや行動

人にはそれぞれ、言葉遣いにクセがあります。その言葉グセから、その人らしさがにじみ出てくるものです。

たとえば、私が面談をしているときに、「一応」「とりあえず」「ぶっちゃけた話」「本当のところ」という言葉グセをよく耳にします。こうした言葉グセは、あまり印象がよくないのはいうまでもありません。一方、「どうせやるなら○○しよう」というような前向きな言葉グセがある人は、聞いている人に好印象を与えるでしょう。

人の言葉グセからその人らしさを垣間みることができるように、会社のよく使う言葉や行動からもその会社らしさがうかがえます。

左記のチェックリストにあるようなことが頻繁に見受けられるようであれば、うつ度が高い状態かもしれません。

【あなたの会社をチェック　言葉編】

□「やるべき」という言葉が頻繁に出てくる。
□「期待してるよ」ということをつねにいわれる。
□「改革」や「変革」などの言葉の張り紙が貼ってある。
□問題点を指摘すると「後ろ向きだ」と相手にされない。
□提案には「いったいどんなメリットがあるの？」とすぐ返される。
□「ＫＰＩ」という言葉がよく俎上に載せられる。
□「それは正論だけど……」と言葉につまることが多い。

【あなたの会社をチェック　心理行動編】

□「メリット」「デメリット」が判断の基本になっている。
□「妙に前向きでハイテンションな人」が多い。
□外部のコンサルタントに「打ち出の小槌《こづち》」を期待している。
□現実味のない理想を掲げていて、どこへ向かおうとしているかわからない。

□仕事を標準化したり、マニュアル化することに躍起になっている。
□社内のふだんの会話もメールでやりとりしている。

性格は行動や言葉に表れます。だから、その会社でよく使われている用語や習慣を観察することで、会社の性格や体質をつかむことができます。

また、ホームページや会社パンフレットの中に、次のような抽象的な言葉が、何回も使われている場合も要注意です。

「イノベーション」または「絶えず変革を続ける」
「グローバル」または「国際競争力」
「チャレンジ」または「あくなき挑戦」

会社は自社が何をどうして事業を営むか、ということを内外に示すために「経営理念」や「行動基準」を策定していることが多いのですが、これを構成しているのは自社の「らしさ(強み)」と「こだわり」です。

どんな価値観で、どんなことにこだわり、どんな価値を強みとしていくか、それが理念です。この経営理念を策定する際、各社はとても多くの時間をかけ真剣に議論します。出てくる理念はどれも素晴らしく立派なものが多いです。

しかし、いくら理念が立派で、正しくても、それが現場の経営に反映されていなければ、働く従業員には共感されず、それは絵に描いた餅となり、形骸化します。

こういった理念はおうおうにして抽象度が高くなってしまい、今の時代だとどうしても前記の「絶えず変革を続ける」といった似たような表現になってしまいます。

「イノベーション」や「グローバル」という言葉の多用は、それが「変わらなければいけない」とか「国際競争力をつけなくてはいけない」という、「べき論」で展開されていると、ますます「絵に描いた餅感」が出てしまい、現場とは距離が広がってしまいます。

大切なのは、理念がどう現場に浸透しているか、という部分をつかむことです。

人でいえば、「環境や限られた資源を大事にする」といいながら家のゴミの分別もしない人は、言葉と行動がぜんぜん違っていてまったく信頼感がもてません。

会社の理念が、実際にどう経営に反映されているのか。それを知るには、実際の「行動」をチェックしなければなりません。

ミッションが経営に反映されているかチェックするためには、「ものごとの意思決定をするとき、その都度、理念が反映されているか」、そして「理念を表す言葉が、日常的に社員間で口にされているか。社内用語になっているか」という視点が必要です。

トラブルがあったとき、クレーム対応をするとき、重大な意思決定をするとき、その理念を軸として、社員が行動できているかどうかが大切なのです。

うつ化しにくいふたつの特徴

ここまでは、うつ化しやすい会社のサインを中心に述べてきましたが、次は「うつ化しにくい会社」はどのような特徴をもっているのか、という面から述べていきましょう。

うつ化しにくい会社には、ふたつの大きな特徴があります。

ひとつは、「会社が目指したい将来像や姿勢、こだわりを明文化したものがあり、実際に事業の判断で活かされている」ということです。

そしてふたつ目は「数字や効率だけではなく、人の気持ちを大切にし、それを最大限活かすために金銭面以外で社員にやりがいを与えることができている」ということです。

このふたつの特徴を備えている会社は、社員にとっても顧客にとっても「大好きな会社」

であることができます。これについて具体的に述べていきましょう。

１．会社が目指したい将来像や姿勢、こだわりを明文化したものがあり、実際に事業の判断で活かされている。

人の心が折れそうになったときには、心の支えが必要です。

「何のために今、自分はこんなに苦しいのにがんばっているのか」。これがないと厳しい環境に陥った際に、心はもちません。

営業の転職者のなかには、厳しいノルマについていけず心が折れてしまい自信をなくしてしまっておられる方が少なくありません。私自身、営業時代に同じ思いをしているので痛いほど気持ちはわかります。そんなときには、どんなことが心の支えになったかを聞きます。

するとある方は、先輩からかけられた「お前のチカラはそんなものじゃない、あせらず今できることに集中しろ、お前はお客さんのことをいちばん理解しようとしている、俺はそれを知っている」という言葉がよりどころになっていたということを話してくれました。

また別の方は、「お客様をがっかりさせるようなことは絶対にしない」という自分のこだわりを大事にしていたということを話してくれました。

こうした心のよりどころが、働く人を支えているのです。

会社も同様で変革のなかで心を折らずに経営を推し進めるためには、「何のためにこの仕事をしているのか」という「自社」の心のよりどころを認識して、社員と共有しておくことがとても大切になってくるのです。


では、会社にとっての心のよりどころとは、何を指しているのでしょうか。

たとえば、リクルートでは、さまざまなキャッチフレーズがつくられてきましたが、それとは別に創業者の江《え》副《ぞえ》浩正《ひろまさ》氏が打ち出した「自ら機会をつくり出し機会によって自らを変えよ」という言葉が、ＯＢも含め社員にはとても深く浸透しています。

これは私自身もとても好きな言葉で、何か新しい仕事をする機会をいただいた際には、いつもこの言葉を頭のなかでリフレインしながら、勇気をもってお引き受けしています。また心が折れそうになったときも、この言葉を思い出して奮起しています。

社員が共感するミッション

経営理念に代表されるような「こだわり」が実際に現場で機能しているかどうか、ここがポイントです。

プロローグでご紹介した医療機器メーカーは、医療機器が向上することで患者さんの命が救われるという事業の重みを、社員がそのミッションとともに心に刻んでいます。

また、記憶に新しいところでは、東京ディズニーランドの例もあります。

東日本大震災が起こったとき、園内にとり残されて寒さと空腹に耐える2万人以上のゲストに対して、園内のキャストそれぞれが、ショップのお菓子などを配ることで不安を和《やわ》らげました。そして、安全なエリアにゲストを移動させる際、ふだんは絶対に見せない従業員用の通路を使い、そこをキャストが並んでペンライトを持って道をつくり誘導したという話です。

ディズニーランドでは、「ゲストの安全が最優先事項」というミッションが徹底されており、「そのために園内の使えるものなら何を提供してもよい」という理念がアルバイトにまで共有されていたので、アルバイトも自らの意志で行動に移せたのだと思います。

同様に、ミッションが現場に浸透していることを感じさせてくれるのが、スターバックスコーヒーです。

私はこのお店に立ち寄るたび、「みなさん楽しそうに働いているな」と感心していました。ですから、かつてここでアルバイトをしていたという学生や社会人の方とお会いすると、「あなたも楽しく働いていたのですか?」とお聞きします。すると、みなさん見事に「そうです! 働いている自分がいちばんのスタバファンです」という方々ばかりでした。

もともとのスタバファンが憧《あこが》れの職場で働いているから、ということかもしれません。でも、それだけが理由ではないと思います。仕事そのものは立ち仕事ですし、いろいろなお客さんに接しなければならないですから、肉体的にも精神的にも決して楽ではないはず。「イメージがよかったのでバイトしてみたら、がっかりした」という会社は多々あるものです。

しかし、ここには仕事はそれなりに大変でも、それを上回るものがある。それはスタッフの方々が「自分が主役」として誇りをもって働いているということです。

なぜそれが可能なのか。それは掲げるミッションが「そうしなさい」という押しつけではなく、そこで働く人のモチベーションとマッチした行動を示しているからです。

【スターバックスのミッション（抜粋）】

・Ｏｕｒ Ｃｏｆｆｅｅ
私たちは常に最高級の品質を求めています。
最高のコーヒー豆を倫理的に仕入れ、
心をこめて焙煎し、
そしてコーヒー生産者の生活をより良いものにすることに
情熱を傾けています。
これらすべてにこだわりをもち、追求には終わりがありません。

・Ｏｕｒ Ｐａｒｔｎｅｒｓ
情熱をもって仕事をする仲間を私たちは「パートナー」と呼んでいます。
多様性を受け入れることで、一人ひとりが輝き、働きやすい環境を創り出します。
常にお互いに尊敬と威厳をもって接します。
そして、この基準を守っていくことを約束します。

多くの会社のビジョンやミッションには、「どうあるべき」「どうありたい」ということが掲げられているのに対して、スターバックスコーヒーでは、「○○をします」という、自らの「行動」を示す表現が、わかりやすく記されています。

国内の大手企業の経営理念やビジョンにも、このような具体的な行動が示されているとわかりやすいのですが、大手の場合は、最大公約数を意識した無難なものになりがちです。そのなかでも、自動車メーカーのマツダが示すビジョンからは熱い思いが感じられます。

【Zoom-Zoomの設定】

さらに、マツダブランドＤＮＡを端的に表現するメッセージとして〝Zoom-Zoom〟（ズーム・ズーム：子供の時に感じた動くことへの感動）を設定しました。それを世界の主要市場で展開しています。（後略）

このZoom-Zoomに基づいて、マツダが提供する車もZoom-Zoom感あふれる車になっています。あるご縁で同社の方々とお話しする機会がありましたが、本当に自分たちがつくるクルマが大好きで、自分たちのプロダクツや仕事にとても誇りをもっておられました。そこには、同社が示す「子どもの時に感じた動くことへの感動」というプリミティブなモチベーションが感じられました。

「御社の面白さや強みはどんなところですか？」という質問に対して、「図体はでかいけど中小企業のまんま！　だから意思決定が速く思いも共有しやすい」とか、「給与が欲しければ他の会社に行け！」というような、活きのいい言葉がどんどん返ってきました。

企業の研修会などで同様の質問をすると、顔を見合わせてにやにやしながら、「はて、なんだろうね？」となりがちなのですが、同社の方々は違いました。

マツダのビジョンは現場の人に共感され、かつ同社の製品を愛するユーザーの思いにも通じているのではないでしょうか。

やりがいを与えている会社

では次に、うつ化しにくい会社の特徴のふたつ目について述べていきます。

2．数字や効率だけではなく、人の気持ちを大切にし、それを最大限活かすために金銭面以外で社員にやりがいを与えることができている。

営業などで好成績を上げている方々（ハイパフォーマー）に、「目標達成したときは、うれしいでしょう？」と尋ねてみて、「うれしい！」という声を期待していたら、意外と拍子抜けすることが多いものです。多くのハイパフォーマーからは「うれしいというより義務を果たせてほっとしたという安心感のほうが強く、正直あまりうれしいという実感はない」というコメントが返ってくるからです。

では何がその支えになったかというと、「メンバーにがっかりした顔をさせたくない」とか「自分のやり方が絶対正しいと信じていた」といったことが多く、心のよりどころは金銭面よりも「周りとのかかわり」や「自分のなかでのこだわり」にあるものです。

そして、業績にかかわらず「どんなときにこの仕事をしていて楽しいか」という問いに対する答えでは、「目標を達成したとき」よりも「お客様にありがとう、といってもらったとき」のほうが上位にきています。

会社に承認してもらおうと必死で目標を追いかけつつも、結果的にはお客様に感謝されたり承認されたりすることで、本当のやりがいを得ているのです。

その根底には、無視されたくない、承認されたい、喜んでもらいたい、という承認欲求があります。

効率や効果をあげ利益を出すということは、必要な手段ではありますが、本当の目的は、「何のために働くか、何のためにこの会社にいるのか」ということにたどり着くのです。

だからこそ、会社が社員に「やりがい」「やる気」を与えることができているかという点が、うつ化の指標といえるのです。

そんな「やる気を与える」ことをホームページに掲げているのが、岐阜にある日本一休日が多いのに50年間黒字続きという会社、未来工業です。

同社の採用メッセージにはこう記されています。

【社員への考え方】

当社は、社員の「やる木」を育てることを経営の柱にしています。

一日の大半を過ごす会社で、何から何までがんじがらめでは、社員はそんな会社のために努力しようという気が起きてくるはずもありません。

そのため、当社は、外せる制約はできるだけ外そうと考えています。

具体的には、作業服は自由にしました。一日の労働時間は7時間15分、年間休日日数は約１４０日という日本有数の休みが多い会社です。

（中略）

経験則もないのに「もしも?…」というマイナス思考は禁句です。先ず、実行し、その先で万一問題点が発生した時にはその改善をする考え方が、会社発展の基本線です。

そして、何よりも、社員の自主性を尊重します。

（未来工業ホームページより抜粋）

同社は自らを「ホワイト会社」と称して、ワークライフバランスを実践する先駆的会社として知られています。ノルマで追い込むのではなく、社員が喜ぶことなら可能な限り実行することで、「やる木（気）」を育てる。そして何よりも自主性を尊重するということを明確にしています。

あるビジネス誌の「アメリカのワーカーは自分の仕事を自分で選んだ、という自己責任の意識があるから仕事に誇りをもって取り組んでいる」という記事を読んだとき、とても合点がいきました。

アメリカを旅行したときに、行く先々で触れ合ったレストランやショップのワーカーたちの接客がとても心地よいと感じていたからです。チップとは無縁のタコスチェーン店の販売やレジのスタッフの方の対応は、お辞儀やていねいな言葉遣いというようなマニュアルどおりではない、とても自然でフレンドリーなものでした。

仕事に誇りがもてるということは、やりがいに直結します。自分の仕事に誇りをもつということは、何よりの心のよりどころにもなるのです。

その顕著な例として、Google社のミッションをご紹介しておきます。

【Googleのミッション】

Googleの使命は、世界中の情報を整理し、世界中の人々がアクセスできて使えるようにすることです。

Googleが掲げる10の事実

1. ユーザーに焦点を絞れば、他のものはみな後からついてくる。
2. 1つのことをとことん極めてうまくやるのが一番。
3. 遅いより速いほうがいい。
4. ウェブでも民主主義は機能する。
5. 情報を探したくなるのはパソコンの前にいるときだけではない。
6. 悪事を働かなくてもお金は稼げる。
7. 世の中にはまだまだ情報があふれている。
8. 情報のニーズはすべての国境を越える。
9. スーツがなくても真剣に仕事はできる。
10. 「すばらしい」では足りない。

(Googleのホームページより抜粋)

このミッションも先ほどのスターバックスと同じく「○○すべき論」ではない「○○します」という行動が示されていると同時に、彼らの仕事に対する誇りがにじみ出ています。

うつになりにくい会社チェック法

うつになりにくい会社のふたつの特徴について、おわかりいただけたでしょうか。うつになりにくい会社の特徴をさらに細分化してみると、以下の4つの要素（13項目）に分けられます。

①好きになる要素があるか

1．商品やブランドにファンがいる、嗜好《しこう》性の強い商品を扱っている。
2．「社会貢献度」の高いプロダクツやサービスを手がけている。
3．会社のビジョンがわかりやすくイメージできかつ共感できる。
☞単に知名度が高い人気会社ということではなく、その会社の特徴に働く人が自信をもてるかどうか、という視点です。

②ベテランが長く働けているか

4．離職者が少ない（年間離職率7％以下[※1]）。

5. 40代以上の社員が早期退職を迫られていない。

6. 闇雲に成長を目的としていない。

※1　全産業の平均離職率14・5％（総務省統計局、平成22年度）の約半分の数値。

☞リストラも含めて離職者が多いということは、うつ化の最も大きな特徴のひとつ。ベテラン社員が経験値を活かした仕事をしていることが大事です。

③競合優位性を追求しているか

7. 当該商品の価格競争でなく価値競争。

8. 収益を出し続けていたり、借入金がない。

9. 当該商品は今後10年なくならない。

☞ブランド力があるなど、不毛な価格競争に陥らないための特徴を会社がもっているかどうかが大事です。

④従業員が信頼され権限委譲されているか

10. 主体者によって工夫の余地があり、仕事やサービス、製品の品質の差が大きい。

うつになりにくい会社チェック項目

好きになる要素があるか

・商品やブランドにファンがいる
・社会貢献度が高い
・ビジョンに共感できる

ベテランが長く働けているか

・離職者が少ない
・40代以上の社員が早期退職を迫られていない
・闇雲に成長を目的としていない

競合優位性を追求しているか

・当該商品が価格競争でなく価値競争
・収益を出し続けていたり、借入金がない
・当該商品が今後10年なくならない

従業員が信頼され権限委譲されているか

・主体者の工夫の余地があり品質の差が大きい
・禁止事項や罰則規定を細かく定めていない
・「そもそも」のところからの議論が活発
・目標・約束が掲げられ、日常判断に使われている

11. 業務規程やマニュアルのなかで、禁止事項や罰則規定を細かく定めていない。
12. 「そもそも」のところからの議論が活発に行われている。
13. 目指す姿・守る約束が掲げられていて、日常判断に使われている。

☞会社と従業員とのあいだに信頼関係が築けていないことが、会社がうつ化する根本的な原因です。

いかがでしたか。このチェック項目が「すべて満たされているかどうか」ではなく、「自分の会社のよさはどこにあるか」という視点で、今の環境を俯瞰《ふかん》してチェックしてみてください。

第４章　〝正論〟から逃れ、自分の価値を高める方法

「変革」のなかで心がけること

前章までにお伝えしてきたとおり、今はどの会社も「心の悩み」を抱えつつ、「変革」を必然としながら事業の存続・発展を目指しています。しかし、人というのは本来なかなか変革を好まない傾向があるのですから、そうした状況で心が折れずに働いていくためには、どんなことを心がければよいのでしょうか。

この章では、うつ会社で働く人はどう立ち回ればよいか、どうつきあっていけばよいか、ということについて述べていきます。

転職相談者との相談内容から導き出された「うつ化のサイン」と「うつになりにくい会社がもっているもの」を照らし合わせた結果、前章で示したように、うつ化しにくい会社は次のふたつの特徴を備えているといえる、と考察しました。

〈うつ化しにくい会社の特徴〉

1．会社が目指したい将来像や姿勢、こだわりを明文化したものがあり、実際に事業の判断で活かされている。

2. 数字や効率だけではなく、人の気持ちを大切にし、それを最大限活かすために金銭面以外で社員にやりがいを与えることができている。

　このふたつを備えている会社は、うつ化しにくく、社員が自発的に働くモチベーションが保たれていることから、「心が折れる」ことも少ない環境であるといえます。

　あなたの会社はこのふたつを備えているでしょうか？　そうでないとしたら、どうすればいいでしょうか？

　自ら経営側に、「もっとビジョンをもってほしい」と働きかけることもひとつの策でしょう。しかし、一社員が経営側に直接働きかけることは容易ではありません。特にオーナー会社の場合は、社長の考えを変えることは難しいものです。「社長がわかっていないから転職したい」と、簡単に離職してしまう方もいますが、今の職場以上によい環境が簡単に見つかるとは限りません。多少は嫌なことがあったとしても、今の職場のほうがいいかもしれないのです。この、うつ会社からの転職については後述します。

　会社の「目指したい姿やこだわり」というものは、社員の心のよりどころです。その心のよりどころを会社が用意できなくなっているのなら、どうすればよいか。

答えはシンプル、「自分でつくるしかない」のです。「自分のことは自分で守るしかない」ということです。

自分を守る「よりどころ」の存在

世の中で「仕事がきつい、たいへんな会社」といわれている会社があります。

しかし、ひとつの同じ会社でも、「仕事がきつい会社」という人がいる一方で、「自分を成長させてくれた会社」という人もいます。同じ会社で働いていても、その人の受け止め方によって、印象はまったく違うのです。

確かに、転職相談者の方が訴える「仕事がきつい会社」のなかには、「金のことしか考えていない腹黒な経営者」という、耳を疑うような事例もあります。しかし、大半の会社は、経営のために仕方なく「仕事がきつく」なり、次第にそれが当然と意識され、そのきつい状態が会社の常態になってしまっているのです。

本来は会社側も、社員に生き生きと自発的に働いてほしいと思っており、「社員を信頼する」「褒めて伸ばす」ということをしたいのですが、結果をすぐに出すことを優先し、「ルールや数字で厳しく管理する」という方法を選択してしまいます。

うつ化しにくい会社のふたつの特徴

1　会社が目指したい将来像や姿勢、こだわりを明文化したものがあり、実際に事業の判断で活かされている。

2　数字や効率だけではなく、人の気持ちを大切にし、それを最大限活かすために金銭面以外で社員にやりがいを与えることができている。

商品に対しても「顧客にメリットのあるものを販売したい」という意志はあるのに、現実には「会社の存続のためにはやむをえない」ということで、どこか不本意なものを扱ってしまう。いつしか感覚が麻痺してそれが当たり前になってしまいます。「本当にいいものを提供していない」という負い目をもちながら、自分の心を守るために正当化し、やがて思考停止に陥ってしまいます。

こうした「うつ化した会社の思考停止状態」に巻き込まれてしまっては危険です。

人が何かを成そうとするときは「私ならできる、やるしかない」と自分を鼓舞しながらがんばろうとするでしょう。こうした強い意志を自発的にもっている状態と、会社に「やれ」といわれて「やらなくてはならない」と頭だけで思っている状態には、大きな開きがあります。

会社から「やれ」といわれても、「やらなくてはならない」「でもできない。逃げたい」という気持ちが生じます。さらに追い詰められると「私はダメ人間だ」と、心が折れてしまうのです。

こうした状態になるのを避けるためには、「強い意志をもつことに執着しない」ことと、「まずは自分を守ることを優先する」ことが大切です。心が折れてしまったら、元も子もないのです。

もし自分がうつ会社の思考停止に巻き込まれていると感じたら、一時的に逃避してもいいので、「よりどころを見つけて自分を守る」ことです。

正論に対抗する3つのポイント

ここからは、うつ会社に巻き込まれないための、会社の正論に実際に対抗するポイントを3つに絞って、それぞれについて具体策を説明していきましょう。

１．自分なりのこだわりをもつ。
目前の数字だけでなく、自分の褒めどころを見つける。そのために心のよりどころとなる自分のこだわりがあるといい。

２．走り方をゆるめる。
心や時間に余裕をもたせて、インプットをする。

３．会社に借りをつくる。
「やらされている感」をなくすために、会社に貸しばかりつくらないで、少しは息抜きをする。

１．自分なりのこだわりをもつ

人が「働く」ための原動力となるものは何でしょうか。

ここでは、生存するために必要なお金を稼ぐという前提以外のことを考えてみましょう。

「誰かの役に立っている」「認められている」「褒められている」「期待に応えられている」といった、「自分のがんばりは無駄ではない」という気持ちに満たされていることだと私は思います。

会社がうつ化してくると、論理性や合理性を重んじるあまり、社員の機能面だけを捉えて「気持ち」への関心が薄れていきます。社員は会社にとっての「正しいこと」をして当たり前、できなければ落伍者の烙印《らくいん》を押されてしまう……。

このように、「褒めてもらえない」「認めてもらえない」というような現場で働くためには、自分で自分を守るしかありません。その場合の処方箋として有効なのは、「心のよりどころ」をもっておくことです。それが、あなたの「お守り」になるのです。

では、心のよりどころとはどのようなことを指すのか、私の仕事でもある転職エージェントの場合でお話しします。

この仕事も数字で結果を残さなくてはならない「成約件数」というものがあります。数字が増えた、減ったということが、仕事に対する評価です。私も以前は成約件数という目標を与えられていました。

しかし、数字の評価とは別に、心のよりどころとしているものがありました。それは、面談させていただいた方から、「自分で考えていただけでは、こういう気持ちにはなれませんでした」であるとか、「面談をしなかったら、最終的にこういう選択は思いつかなかったでしょう」などという言葉をいただくことです。よりどころというだけでなく、私にとっては

正論に対抗する3つのポイント

1　自分なりのこだわりをもつ

目前の数字だけでなく、自分の褒めどころを見つける

2　走り方をゆるめる

心や時間に余裕をもたせて、インプットをする

3　会社に借りをつくる

「やらされている感」をなくすために、少しは息抜きをする

これが本当の仕事の目的だと思っています。

とかく数字を追うこと、ノルマをこなすことが仕事の目標になっている人は多いと思いますが、それ以外の、あるいはその先にある仕事の目的に目を向けてみてください。

飲食店のホールの仕事をしている方なら「メニューに使われている素材について誰よりも詳しくなって、上手にご説明できるようになろう」ということを目標にしてもいいのではないでしょうか。

販売の仕事をしている方なら、「お客さんが声をかけてほしいと思っている絶妙のタイミングでお声がけできる、日本

一になろう」でもいいと思います。

もちろん、嫌でも数字の目標は立てなくてはならないでしょう。しかし、数字が達成できなかったからダメなのではなく、「自分のなかでこの部分にこだわることができた」という思いが大切なのです。

業績に直接関係がないことでもいい。何か自分の仕事のなかで、「こだわりどころ」を見つけるのです。

具体策・自分を整理する質問

会社が求める行動とは別に、会社の期待に添わなくてもよいから、自分らしい、できそうなこだわりを見つけて、それに向けた行動を並行して始めましょう。もし数ヵ月後に転職するなら、職務経歴書で仕事内容や業績以外のことで、自分をどうPRしますか？　そこに書けそうなことがイメージできたら、実際に行動を起こしてみるのです。

ではまず、今の自分と仕事がどうフィットしているのか、「接点」を見つけることからやってみましょう。そのために、次の3つの問いに対する答えをノートに書き出して、自分の状態を整理します。

①今の仕事で活かせている自分らしさは？　向いていると思う点は？
②今の仕事でしんどいことは？　向いていないと思う点は？
③今の仕事でどんな工夫ができそうか？

たとえば、京都の観光地で土産物《みやげもの》店の接客スタッフの仕事をしている場合。
①ものおじしないで人に働きかけるのが好き。知ってることを周りに話したくなるおしゃべりなところ。
②ずっと立っているのがしんどい。話し好きなので、どんな人にも同じ調子で接客してしまう。
③商品や京都のことを勉強して、自分を通して京都や商品のファンになってもらえるような接客ができるようにする。

この場合、お客さんから、「知らなかった。すごく勉強になりました」という言葉をもらえるようになるためにはどうすればいいか。そこに仕事のこだわりを見つけられれば、売り上げや受注件数のいかんにかかわらず、自分を認めてあげられることになるでしょう。

社員を人生の勝利者にする会社

高知県に、ネッツトヨタ南国という会社があります。ここはかつてない自動車不況のなかにおいても、売上高や客数が増加し続けたカーディーラーとして知られています。

同社では、一般的に行われている飛び込み営業や訪問営業、新聞の折り込み広告などはほとんど行っていません。また、多くのディーラーによる過激な値引き競争に巻き込まれないでいられるのは、顧客満足度を上げるためお客様情報を細かくデータ化したり、ホテルのラウンジのような居心地のよいショールームを設け、ユニークで心に響くようなイベントを企画して、来場客を楽しませているからです。

「全従業員を人生の勝利者にする」という経営理念にも目を見張るものがありますし、採用パンフレットの中には「次のタイプの方には向かない職場です」という前置きで、「家族を大切にする気持ちがない方」「夢をあきらめた方」「可能性を信じない方」などと並んで「会社のためなら何でもやります！　というタイプの方」と記されています（『日本でいちばん大切にしたい会社２』坂本光司著、あさ出版）。

会社側が目先の数字を追いかけさせることをせず、従業員の「心のよりどころ」を大切にして、それを実践することを後押ししているのです。そんな会社だからこそ、「自分の成長が実感できる仕事」「お客様から感謝される仕事」「会社と従業員の信頼関係が強い会社」「尊敬できる上司や先輩がいる会社」という、うつ化しやすい会社とは対極にある経営を実践できているのだと思います。

自分で自分を褒める

「負けるもんか　きのうまでの自分を超えろ」

これはＨＯＮＤＡが２０１２年にＣＭで発信したメッセージです。私はこのメッセージが大好きで、講演の際にもよく取り上げています。他の人ではなく、自分を超えるというところがとても共感できます。周囲から褒められることを目指すのではなく、自分自身と向き合うことが大切です。

だからこそ、自分で自分の褒めどころを見つけておいてほしいのです。

心のよりどころは、「自分の理想となるような高い目標を立てて必死でがんばる」という目標ではありません。それではすぐに挫折してしまうでしょう。

コツは、「意志の力を維持・継続できるようにすること」です。ですから、ある程度がんばれば達成しやすいレベルに目標設定して、達成感を味わえるようにすることがポイントです。

また、もし十分達成できなかった際も、「そんな程度の目標すらできない」と落ち込まないように、実際に取り組んだことのなかから「自分らしさが活かせたことを見つける」ことが大事です。

ここで大切なのは、自分と仲良くつきあい、自分のエネルギーを涸《か》らさないことなのです。

2. 走り方をゆるめる

2020年の東京オリンピックが決定しましたが、それこそ前回の東京オリンピックが開催された時代の職場は、今と比べたらとても牧歌的なものでした。この時代の映画を観ていると、職場の昼休みには、バドミントンや卓球をしたり、将棋や囲碁に興じる人たちもいますが、こうした光景が実際にあったはずです。

そこまでさかのぼらなかったとしても、携帯やメールが普及していなかった20年くらい前は、昼下がりの喫茶店ではサラリーマンが休憩しているというのが日常の一場面でした。

ところが、ＩＴ技術が発達した現代社会は、どう変化したでしょうか。機械が仕事をやってくれる時代になり、人は楽ができるようになったでしょうか。答えはＮＯです。

ＩＴ化によって効率はよくなったはずですが、果たして仕事が楽になっているかというと、まったく逆です。ＩＴは人を楽にするための技術ではなかったのでしょうか。

今や、南の島にいても電話がつながりますし、通信インフラが整ったおかげで、仕事はキリがありません。

かつては仕事がひとつ終わると、次の仕事にとりかかるまでゆっくり待つ時間がありました。外回りや出張は、会社から離れられる合法的な逃避の機会であり、緊張を和らげる効果もあったと思います。

しかし、今ではコンピュータやインターネットによって、スピーディーに結果報告がなされます。ホッとひと息つく暇はありません。会社から離れることはできても、携帯電話やメールから離れることはできないのですから。

おまけに、かつての喫茶店はファストフード店やカフェにとって代わられました。そしてそこは、ちょっと仕事をサボって休憩するような場所ではなくなりました。そこにはお店に電源を借りてまでパソコンにデータを打ち込む人、たくさんの資料を広げて打ち合わせをする人々があふれています。

特にうつ化した会社は余裕がないので、目先の短期的な数値指標の実現ばかりにこだわり始めます。そんな環境のなかで仕事に没頭してしまうと「本当は、もっと◯◯までしたいのだけど、現実にはそんなことをしていたら、とても時間内に終わらない」「もっと大事なことがあるのだけど、目の前のことに向き合わないと仕事が回らない」など、理想と現実のギャップにさいなまれながら、つい愚痴が出てしまうような仕事をしてしまいがちになります。

このような状況でやりたいことにたどりつけないまま、やらなければならないことをこなし続けていると、仕事を「やらされている感」ばかりが目立ってきます。どこかでこの流れを断ち切って、自分で仕事をコントロールしている状態を目指すことをしなければ、心がもちません。

具体策・すき間時間こそ貴重

あなたが同じ職場で長く働いているなら「年々忙しくなってきている」「職場のプレッシャーが強くなっている」という思いを抱いている方も多いでしょう。今まで習慣になっていることを振り返り、丸一日やらなくてもすみそうなものを見つけ、実際にやらないで過ごしてみましょう。

まずは自分の時間をもつことが大切です。目の前のノルマだけを追い求めて走るのではなく、立ち止まりましょう。

大切なのは、インプットをすることです。

目の前のことだけしか見ないで、商品を売ることだけを考えていたら、仕事の広がりは望めません。

余裕のない会社は、「仕事と関係のない無駄なことは排除する」という行き詰まったムードに支配されているかもしれません。そうであるならなおさら、閉塞感が支配する空間から席をはずして、すき間時間でもいい、自分の時間をつくることです。

そのすき間で、何を身につければいいか考えてみる。そして、広い視野でいろんなことをインプットすることが大事です。それがリフレッシュになり、いずれ、自分の武器になるかもしれません。

以下のようなことに取り組み、自分と向き合う時間を設けてみましょう。

①毎日の習慣を書き出してみて、やらなくても大丈夫そうなものはやめる。
②一日1回、ボーッとする時間を10分だけ設ける。
③電車やバスで移動する際に携帯を見ず、自分と向き合ってみる。
④「ゆるゆる日記」を書く。一日の途中でも終わりでもかまわないので、思ったことを思いついたときに記録してみる。

なお、インプットとしてふさわしいのは、「自然に触れる」「静かな時間をもつ」「スポーツをする」「街を散策する」「読書をする」「劇場に足を運ぶ」というようなことです。せっかくすき間時間をつくっても、テレビやゲーム、SNS、ネットオークションのようなもので時間を潰してしまってはもったいないでしょう。これは「仕事のことばかりで行き詰まる」ことと同じく「何者かに走らされている状態」なのです。これを息抜きだと思って時間を無駄にしていると、自分と向き合う時間がどんどん削られてしまいます。

目の前のことだけに頭を支配されることは避けましょう。うまくインプットをしている人は、一見、遊びのようでも「この情報はお客さんに話せるな」と、軸の部分は仕事からぶれていません。見るもの聞くものすべてが仕事につながっていく。目の前のことしか仕事の役に立たないと考えるほうが損です。面白がる気持ちをもちましょう。

３．会社に借りをつくる

うつ化した会社で心が折れてしまう人は、会社が求めることに応えようと必死になっています。その結果、「これだけ会社に貢献しているのに、自分が提供した労力に対する見返りが十分得られていない」という気持ちでいっぱいです。

あなたも会社に貸しばかりつくっていると感じていませんか？

もしそう感じるなら、自分のなかで会社を許せる部分を見つけて、心のバランスをとることが大切。そのためには、会社に借りをつくるという発想もあります。

いちばん手っ取り早く会社に借りをつくる方法は、息抜き、もっとダイレクトに言えばちょっとだけガス抜きのためにサボるような感覚です。

「息抜きする」ということをおすすめするのも気が引けますが、「たまには社員に息抜きしてもらうのも、円滑な会社運営の一環」であるということです。

月末に目標を達成したならば、月初の一日くらいは、そのチームでボウリングに行ってもいいのではないでしょうか。もちろん、ひとりでのんびりしたりするのが大切なのはいうまでもありません。そういう余裕をもてば、「ちょっと楽をさせてもらったな」とか「会社に借りができたから、明日から返せるようにがんばろう」とリラックスして次の仕事に打ち込めるものなのです。

今は、これもやれあれもやれと、余裕なく働かされている人ばかりです。営業職の人は外回りを1件終えたら、まるで伝書鳩のように寄り道もしないで会社に戻り、自分の机で弁当を食べながらメールチェックをしています。

これは果たしてよいことなのでしょうか。会社と社員のあいだに余裕がなさすぎだと私には見えます。こうした余裕のなさが、うつ化の土壌となるのです。

真面目に働いている方ほど、上司や会社側が何かミスをしたときに「こっちはいわれたとおりにやっているのに」と、仕事に嫌気がさしてしまうでしょう。「ミスはおたがい様だから」というような余裕も生まれません。

とにかく会社と個人の関係に余裕がない。真面目な者同士で、ガチガチの状態で仕事をするよりも、会社側もたまには社員を遊ばせたり、社員も「会社を許す」ことができるほうが、長い目で見るとよいことです。

「サラリーマンは気楽な稼業」という昔のヒット曲の内容が、当時を正確に描写していたわけではないとしても、少なくとも仕事のプレッシャーが以前とは格段に違います。仕事のすべてに正確さや効率が要求され、日々数字を追いかけなくてはいけない。お客様への説明責任やルールの順守が、アルバイトの人にまでのしかかってきているのです。

「ハイテンション会社のうつ化」の項でも述べましたが、前向きでテンションが高くても、内実はうつかもしれないのです。

こうした会社のなかで働いていると、どうなっていくでしょうか。

絶えず期日や数字に追われて、イライラが募り、落ち着きがなくなってしまいます。そんなムードが蔓延した会社で働いていると、他人に対しても余裕がなくなり、通勤電車がちょっとでも遅れたり、昼休みのコンビニの列が長かったりすると、それだけでストレスが溜まってしまいます。そこで、店員さんがお釣りの勘定を間違えただけで、怒りを爆発させるような人も出てきます。

そうやって、人に当たり散らしているうちに、自分自身にもイライラしてきて、無力感に覆われてしまうのです。

具体策・「おかげです」の効用

ただ実際には、仕事中に息抜きしていても誰かが代わりにその穴を処理してくれるわけではありません。結局、全部自分のところに降りかかってきてしまい、息つく間もなく仕事をこなさなくてはならない。息抜きしようと思ってもできないというのが現状でしょう。

そこで、遊び心をもって、何かあえてやましいことを探して会社に隠れてやってみてはいかがでしょうか？

具体的な方法としては、勤務中にこっそり抜け出してバーゲンに行く、半休して休養する、私用時間をつくる、というようなことです。

どこかで借りをつくっておいて、会社に感謝できるよう、会社にお世話になっているという感覚をもつことが大事なのです。

自分のなかに余裕があってやましいものがあると、むしろ会社には優しくなれるものです。

会社は「社員を信頼していない」と受け止められるような行動管理をしていますから、実際のところ息抜きする余地すらなくなってしまっている場合もあります。ならば、プチ仕返して、「嫌いな上司にあだ名をつける」ということでもいい。たとえささやかなことでも、真面目すぎて追い込まれるようなことを避けたいのです。

本来であれば、そんなことをしなくても、会社に対して恩を感じられるようになることが大切です。「会社は自分を充たしてくれている、自分もがんばろう」と自然に感謝できるような環境であるべきでしょう。

息抜きする余地すらないという方は、無理にそうしなくても結構です。ただし、貸しばかりつくっているという発想ではなく、どこか自分もこの会社にいることで、何か業績面での評価以外で、成長したり、鍛えられているということを探してみましょう。

働いているときは不満だらけだったのに、いよいよ会社を見切って転職しようと思ったとき、「実はこの会社が自分に力をつけてくれていた」ということに気づく方もいます。

負担の大きい仕事をしてきた方ほど、それが転職するときには強力な武器になることも多いのです。

もし、自分の会社に見切りをつけて、転職しようとすれば、応募先では「前職ではどんな能力を開発してきたか」ということを問われます。特に最近は、「主体的に自己成長を目指してきたか」とか「心が折れにくいストレス耐性の強さ」を問われます。

心が折れそうな環境で働いている方の転職相談を受けていると、そういった相手に売り込める「自分の強み」に自信をなくしている方が少なくありません。そんなときに私がアドバイスするのは、「愚痴は武器に変えられる」ということです。実際に、非常にハードな環境で働いてきた方の市場価値は高いです。「あそこで働いてこられたのなら、タフになっているだろう」という期待をもたれることも多く、事実活躍している方も多いからです。

そして、愚痴を武器に変えるために非常に有効な手段が、「おかげです」の心でものごとを捉える習慣をもつことです。

厳しいノルマを課せられた……おかげです。上司が厳しい……おかげです。嫌なこともぜんぶ自分の成長をうながしてくれる糧《かて》として捉えてみてはいかがでしょうか。

「どうせやるなら」という心がまえでのぞめば、つまらない仕事のなかにも、ふんばりどころとなる面白みややりがいは見つけやすくなります。たとえば、誰も教えてくれない、ということは、自分で考える習慣が身につくはずですし、理不尽な要求をする顧客と向き合ってきたなら、調整交渉力を鍛えてきたはずです。

ケーススタディ1　IT業界

ＩＴ業界の場合、「労働時間が長く、その割には報《むく》われないと感じることが多い」という直接的な理由で、心が折れてしまう人が多いという実態があります。これは、うつ化している会社の社員の方と似た境遇であるといえます。

特にシステムエンジニア（ＳＥ）は、日々の睡眠時間を削りながら仕事をしている状態の方が多いでしょう。

ＳＥの仕事は、まずクライアントの業務を分析して、どのようなシステムを構築すれば、クライアントが抱える業務を効率化できるか、ということを判断して設計します。その際、クライアントの要望がわかりやすく具体的な内容であれば、システムをつくるところまではスムーズでしょう。ところが、このシステムを作動させるまでが一苦労です。システムがエラーにならずに動くかどうか、というバグの検証作業に、膨大な時間と労力がかかるのです。ここでバグが見つかると、それを修正してまた組み直す作業を続けますが、納期との厳しい戦いになります。

そのように苦労をしてつくり上げたシステムですが、なかなか百パーセントのものは納品できないと嘆く方は多いのです。クライアントからは「結局は使えないシステムだった」といわれることもしばしば。それでも、ニーズは多い仕事なので、依頼は次々と入ってきます。ひとつの仕事を終えても充実感のないままに、次の仕事に追われてしまうことになります。

こうした「請負の苦しみ」から脱するために、SEのなかには、仕事のプランニングを行うような「川上」の仕事に移行しようとする人も少なくありません。ところが、これも競争が激化していますし、仕事が取れなければリスクは高い。ならばやはり手堅くプログラミングをしていたほうがいいということで、つねに目の前の仕事に追われることになります。

また、この世界では「できるだけ高額で請け負う」ということが目的化しています。会社がうつ化してしまうと、顧客側がプログラムやシステムに詳しくないことに乗じて「不必要に大規模なシステム構築を提案する」ということにもなってしまいます。転職相談者のなかにはその実態に罪悪感をもつ方、「こんな受注の仕方はおかしい」と不満をぶつけられる方もいます。

さらに、SEは客先常駐型の働き方をする方が多いので、発注してきたお客様の会社で人間関係を築かなくてはなりません。愚痴をいう相手もおらず、気を遣いながら、孤独に耐えて仕事をすることになります。

そのような環境から、ＩＴ会社はうつ化する可能性が高く、そんな会社をＳＥたちの職業的使命感が必死で支えているといっても過言ではありません。これだけＳＥががんばっても、思いどおりにシステムが動くことは少なく、納期がプレッシャーとなります。こんな事情ですから、ＩＴ業界では「納期が守れる」という当たり前のことがセールスポイントになっているくらいなのです。

現在の景気回復により、会社のシステム投資も復活しているので、仕事量は増えています。ふつうは忙しかったら、うれしい悲鳴です。ところがＩＴ会社の場合は喜んでいるのは社長だけ。仕事量に人が追いつかず、考えている暇がなくて、会社が思考停止になっているといえます。

ハードかつ、うつの土壌もあるＩＴ業界で、心が折れずに仕事をするにはどうすればいいでしょうか。うまくつきあうコツは以下の３つです。

①心のよりどころとなる自分なりのこだわりをもつ。業績以外で心のよりどころを見つけておく。設計する際に自分らしいこだわりをもつ。たとえば、あとでバグを見つけやす

いようにメンテナンスをしやすい設計にする、など。
②プログラムに、自分らしい痕跡を残す。
③会社に借りをつくる。ストレスをためないよう気晴らしして貸しを返してもらう。

リクルートの「リクナビNEXT」のサイト内記事「SEだからこそできる！ ユニークな企画実現ノウハウ」で、開発した新サービスが世界からも注目されたエンジニアが紹介されていました。この仕事を実現した当事者は、こんなことを語っています。

「興味のない分野にアンテナを張る」「例えば個人的に興味のない本をあえて読むことで、ふだんの発想からは出てこないアイデアの種を探します」

忙しく、なかなか報われないことが多いと感じやすい職種だからこそ、遊び心をもって周囲を見渡してみることが大切です。

ケーススタディ２　営業職

うつ化した会社は、営業に目先の売上目標を達成することをこれまでより要求するでしょう。日銭を稼ぐことに集中しなければならなくなり、どうしても長期的なビジョンがなくなってしまう。たとえあったとしてもないがしろにされがちです。営業職の人は自分を見失い、挫折感や疲労感を味わっています。

挫折感の主な要因は、目標や予算が達成できないから。厳しいノルマに耐えられないということです。営業職はその達成状況がつねに他人と比較され、ランキングなどの評価としてさらされることが多く、「自分が目標達成できていないこと」を周囲にも知られますので、さらに劣等感にさいなまれるわけです。

その一方で「達成できていない＝ダメな人間」という烙印を押されてしまうことへの抵抗が、会社への不満となります。

もしあなたがそういう立場であったら、どうすればいいでしょうか。

そのような状況のなかで自分がお客様に何を提供したいのか、何が提供できるのかということを考えて、自分を褒めることができるような、こだわりや心のよりどころを見つけることが大事です。

地方銀行の金融商品販売の突破口

今、地方銀行では個人預金の伸び悩みが目立っています。要因としては、人口が都市部に移動していることや、相続が起きると都市部で働く子世代に資産が集中するからです。

資金不足に悩む地方銀行は、それをなんとか食い止めるために、金融商品の販売にも力を入れるようになりました。

ところが、地方銀行が扱う金融商品は、外資も含め並みいる競合商品と比べて、必ずしも利率がよいものばかりではありません。競争力で優位ではない商品を、お客様におつきあいで買ってほしいと強くお願いすることへの抵抗感をもつ人も多く、ノルマが達成できないという理由で悩み、転職をしようとする人もいます。がんばって会社の期待に応えようとしている人のなかにも、心が疲弊している人は多いのです。

こうした場合、心のよりどころを見つけるためには、「お客様に損をさせないために自分に何ができるか」を考えてみることです。

そんなに得をしないとわかっていて購入してくれたお客様に対して、罪悪感を抱いたまま、ほかのお客様にも次々と営業をしなくてはならないのが現実です。でもそこで少し走り方をゆるめて、買ってくれたお客様に損をさせないために何をすればいいかを考えるのです。

私だったら、お客様との会話のなかで少しでも得をしてもらえるように、情報提供をしたいと思います。地方の方なら、相続のことをどうするか、お悩みかもしれない。放置している土地をどうしようか、お悩みかもしれない。日々の買い物がしんどくなって、介護のことを真剣に考えているかもしれません。

であれば、相続や土地活用について勉強したり、地域の介護の情報を収集したりと、扱っている金融商品の知識以外のことを話せるようにしておくのです。おいしいものがお好きな方には、お取り寄せ品の情報でもいい。インプットを増やして、その情報を提供することで、お客様の得になることを増やす。

有益な情報を提供することで、お客様に損をさせない、ということです。その結果として、お客様を逃がさないということにつながるのだと思います。

家電メーカーの営業の突破口

家電メーカーのなかには、うつ化する典型的なパターンとして考察した「まじめうつ」にあたる会社が多いので、そこで働く営業職の方がうつ化した企業とどうつきあうか、ということを考えていきましょう。

大手の家電メーカーに勤める方が、転職相談にこられました。

理由は、「事業部が閉鎖になって、先行きも不安で……」「リストラにあった人の様子を見ていると、少しでも若いうちに……」ということです。しかし、よほどの事情がない限り、「そんなに簡単に辞めないほうがいいと思います」と率直にお話ししますし、実際にご本人もそこまで覚悟はなさそうでした。

はっきり申し上げて、これくらいの荒波を乗り越えられない方が外の世界に出ても、飲み込まれてしまうだけです。

確かに、これまでどおりの営業ではうまくいかないことが増えたと思います。しかし、裏を返せば、これまでは本来の「営業力」がなくても、「まいど、よろしく」である程度売れていたわけです。それは目の前の商品がすべてを語ってくれていたからかもしれません。

これまでは商品にぶらさがって営業をしていたのだとしたら、考え方を変えて、もっと自分自身を売り込むことを考える。まずは、自分の営業スタイルを基本から見直してみることです。

たとえば、「できるだけ手短に端的に話してみる」「『えーっと』を減らしてみる」「口癖を変えてみる」「質問の種類を見極める」などささいなことで結構です。改善できることにこだわってみる。こうして日常の仕事力を上げていきましょう。

かつては勝って当たり前の試合でした。ところが、急に勝てなくなってしまった。であれば、自分たちの状況、つまり会社がうつであることを受け止めて、解決するための行動を見つけましょう。名刺にぶらさがらない営業をしようというモチベーションで、今から営業力を鍛えることが、会社のためにもなるし自分のためにもなります。

値引きばかり要求するお客様に耐えられないと思ったときは、「価格交渉力を鍛えている」と認識して、やらされ感をなくすのです。

たとえメインストリームに戻れなくても、この機会にこそ自分を磨いておく。自分の武器となるものを磨いておかなくてはならないのです。それは、自分の市場価値を上げるということです。商品力の低いものを売っている方のほうが、転職時の市場価値は上がります。売りやすい商品を売っているだけなら、営業はいらないわけですから。

ケーススタディ3　共通の覚悟

先ほど述べたように、安定したメーカー勤務の方に、会社を辞めるべきではないとアドバイスし、実際その方はそこまでの覚悟はないようでした。こうした方は「外を見ればもっと厳しそうだ」ということで、また悶々とした日々を送ることになるかもしれません。

うつ化した会社から何かを与えてもらうことを待っていても、現実はそれができなくなっているのですから、自分のキャリアは自分で守るという考えを根っこにもっておくことが大切です。

そのことを私たちの業界用語で表現すれば、「自分の転職市場価値を高めておく」ということになります。会社がこれをしてくれないということに執着せず、冷静に自分の武器を磨いておく。うつ化している会社と同化して、思考停止になるのだけは避けることが大事です。会社を憂《うれ》いて、自分のモチベーションも下がり、引きこもるようなことがいちばんよくないのです。

6ヵ月後に転職すると決める

今は、ものを売るのではなく価値を売る時代といわれます。自分がどんな価値を提供してきたかということを振り返り、それを高める。

「会社がわかってくれない」と、そっぽを向いて簡単に離職してしまう人もいるでしょう。しかしそういう辞め方では、自分の市場価値を高めることにはなりません。

かといってうつ会社に同化してしまうと、目先のことに追いまくられて疲れているうちに、市場価値も低くなっていくのです。

この現状を打破するためにはどうすればいいか。それは、「あと6ヵ月後に転職する」という決心をすることです。

「何かあったら辞めてやる」という限界のところまできている人は多いと思います。そして本当に何かあったとき、勢いで辞めてしまう。しかし、そうした行動は、今置かれている状況に巻き込まれているといわざるを得ません。そこには、自分の市場価値を高める行動がないからです。

私が提案するベストな選択は「今日から6ヵ月後に転職する」という決心で仕事をしてみることです。そうすると、「自分の売りは何なのだ?」ということと向き合い、自分の価値を磨くことに本気になれるからです。

職務経歴書に書ける自分の価値を探し、それが少ないようであれば、書けるようになるまで磨くのです。

転職の面接でのNG言葉

うつ化している会社を簡単に辞めてしまって、次の会社に面接に行っても、自分の価値を高める心がまえで仕事をしてこなかった人は、面接でこんなＮＧ発言をしてしまいます。
「今の会社では、仕事の幅を広げられない」「自分が成長できない」「もっと人の役に立つ仕事がしたい」。

これらの発言には具体性がありませんし、行動の跡も見えません。

面接官は、将来が不安な環境のなかで「自分なりにどんな工夫をしてきたか」ということを聞きたいのです。「仕事の幅を広げるために何をしたか、自分が成長できるように何をしたか」ということが言えなくてはなりません。

ただ単に「人の役に立ちたい」ではなく「今の仕事では人の役に立てるよう○○の工夫をしていたけれど、さらに新しい環境で○○の工夫をしたい」という言い方が必要です。
「自分なりにここまでやってみたけれど、それが叶《かな》わなかったので転職する」という「やるだけやった」というものがなくては、転職には有利にはなりません。

まさに今から、今日から６ヵ月後に向けて、自分の市場価値を高める努力を始めてください。

なぜ６ヵ月なのか。

それは、１ヵ月くらいでは結果が出ないでしょうし、ダラダラと１年かけるのは長すぎるからです。6ヵ月あれば、自分の市場価値を高めることは十分に可能です。

その第一歩としてできることは、たとえば「商談件数を増やそう」でもいいですし、「一回の訪問密度を濃くする」でもいい。そのなかで「お客様から新しい情報を得て、それが次の営業につながった」というように、工夫が実績につながったことを具体的に話せるようにしておきましょう。

数字を追いかけろという上からの指示に対して、ただ反応するのではなく「これを咀嚼《そしゃく》してどう動いたか」ということが大事です。「ノルマが果たせなかった」でもいいのです。「これだけやって果たせなかった」という、具体的なプロセスが問われるのです。

6ヵ月後に辞めると考えると、いろんなことに真剣に取り組めるはずです。周囲の景色が違って見えてくることもあるでしょう。

そうやって6ヵ月経ったとき、本当の意味で辞めるべきか辞めざるべきかが見えてくるでしょう。その結果、転職をすることになるなら、すぐに行動できるはずです。あなたの市場価値は以前より高まっているわけですから。

「この会社でやっていく」と決断した人も、これまでとはモチベーションが違います。何かあったら辞めようというフラフラした状態ではなく、「腹を据えて」、自分の中心軸をもって働くことができるでしょう。

それが、思考停止した会社に巻き込まれないことに直結し、また、自分の価値を高める努力がひるがえって会社のためにもなる、という仕事ができるようになるのです。

「自走式」でキャリアを積む

さて、これから5年10年後の雇用・会社のうつ化はどうなっていくのでしょうか。景気動向を示す調査によると、国内の景気はゆるやかに回復傾向にあると発表されていますし、オリンピックの招致に成功するなど、未来への希望も見えてきています。本書で「うつ会社」の典型として例をあげた業界の会社にも、黒字化しているところも出てきました。

しかしながら、現状の黒字化の要因は、リストラや不採算部門からの撤退などに円安の追い風が吹いたりしたことで、数字的な面で黒字となっただけであり、うつ会社の根本的な原因が改善されたわけではありません。

一方で、グローバル化を推進する動きには拍車がかかり、今後ＴＰＰに参加することになれば、これまで無縁だった会社も国際競争にさらされることになります。会社間の競争はさらに激化していくことになるでしょう。

こうした背景から、会社で働く人はこれまでよりもさらに忙しくなり、効果・効率を要求されることになります。東京オリンピックはある意味、「ハイテンション」なイベントですから、経済効果は一時的に高まったとしても、終わったあとの反動による「うつ化」も懸念材料です。

では、これからのキャリアをどう切り拓いていけばいいのでしょうか。

やはりここで大切なのは、主体的に動くということ。「自走式」で仕事をすることです。それは、職場の「空気」に巻き込まれないということも意味しています。

うつ会社とのつきあい方はこれまでに述べてきましたが、身近な処方箋としては、無駄な残業をしないように工夫して、長時間職場にいないようにする、ということから始めてみてはいかがでしょうか。

こうした周囲に巻き込まれない時間を大切にすることから、会社と向き合う目、自分と向き合う目が養われてくるのです。

第５章　うつ化を自覚している会社へのアドバイス

部下の6つの変化を見逃すな

本書ではここまで、「うつ化の兆候が見られる会社に勤める方」へのアドバイスを書かせていただきました。しかし、読者のなかには経営に携わっている方もいらっしゃるでしょう。「職場のメンタルヘルスケア」は重要な経営課題のひとつであり、各社何らかの実践をなさっていると思います。

それは「心を病んだ人は休ませる」といったケアであったり、「症状を早く察知するチェック体制」であったり、ときに「ストレス耐性が弱そうな人は採用しない」という会社もあります。大企業の場合は、「ある一定数の人はうつになっても仕方がない」という前提で組織づくりをしているという面もあるでしょう。

しかし、組織が病んでしまっていれば、どんなに従業員がタフでも次から次へと倒れてしまうことになります。「代わりはいくらでもいる」という考え方では、会社に未来はありません。人材こそが命なのですから。

「うつ化」という視点をきっかけに、「会社がうつに陥っていないか」と振り返ることが大切です。

転職相談に来る人は、「心が折れる」までは至っていないとしても、会社に対して何らかの不安や不満を抱えていて、それが原因で辞めたいわけです。その不安や不満の種が、先にも述べたとおり「変化」によってもたらされている場合が多いのです。

１．業績改善できない無力感

「変化」のひとつは、業績の悪化です。業績が好調な時期は、たとえ「うつの芽」があったとしても、それが見過ごされます。「好調な業績は七難隠す」というわけです。

ところが、業績が悪くなると、当たり前ですがその会社の本質的に弱い部分があらわになり始めます。しかも、いったん業績が悪くなり始めると、なかなか巻き返しができない時代になってきました。なぜなら、海外製品も次から次へと流入するグローバル時代においては、競争が激化しているため、業界の先頭チームからはずれると、追いつくのは難しいのです。しかも、消費者の嗜好は多様化しているなかで、時代はどんどん変化していますから、同じようなビジネスモデルは通用しなくなってしまったのです。

精神医学の専門家によると、人がうつになるとき「喪失体験」⇓「無力感」⇓「社会からの否定」という段階があるそうです。

これは会社も同じでしょう。喪失体験は「失敗や業績の悪化」、無力感は「それを改善できない状態」、社会からの否定は、「商品が売れない、クレームが多発する」ということ。このような経過が予想できますから、遅くとも、無力感を抱いた時点での対策が必要です。

2．経営者交代による表層的改革

新しい社長が就任するようなときに、不適合が起きやすいことがあります。

2代目社長の場合、大番頭がしっかりしていたり、現状維持が社風の会社もありますが、ある食品加工メーカーの2代目新社長は、改革を断行し、新しいしくみづくりに着手しました。MBAの資格をもち、旧来のビジネスモデルから脱して、新しい時代の経営者感覚を発揮しようと考えたのです。しかし、社員はこうした変化に不安を感じ、抵抗を示したため、改革はうまくいきませんでした。

こうしたケースは、なぜうまくいかないのでしょうか。それは、これまで培ってきたその会社の本質を無視したような、表層的な改革に終始してしまうことが多いからです。

ましてや、一時期の投資ブームやITバブルの頃に盛んにいわれた「株主重視の経営」などということを持ち出すなら、社員のモチベーションは下がってしまうばかりです。

3. リスク回避のための市場調査

ＩＴやマーケティングの技術が進化してきた今は、「シミュレーションしてから行う」ということが当たり前になってきました。新しいことを始めるときも、かなり綿密に調べて、シミュレーションして、具体的な数字の目標を立てることが求められます。

景気も業績もいい時期なら、面白そうなアイデアを出しただけで「いいんじゃない、やってみてよ」と、チャレンジを促されたものですが、今はかなり下調べをしたうえで、達成する見込みの高いものにしかとりかかれない。ここまでやってみてもダメだったら撤収というふうに、あきらめも早くなっています。

しかし、本来は予測の立てられないところに、新しい事業のタネは転がっているはずですし、ミスをしながらも多様な経験を積んでいくことが成長であったはずです。しかし、やる前から結果を予測しすぎて、のびのびと仕事に取り組めないのです。

しかも、目標は「売れるものをつくれ」ということです。ものづくりにかかわる人の本来のモチベーションは、「自分たちの納得できるものをつくって、世の中に出そう」というものでしょう。そこでヒットすれば幸せであったのです。

ところが、今は技術を向上させても消費者がついてこなくなった。納得できるものをつくるのではなく、受け入れられるものをつくらなくてはならなくなりました。そして、それが売れるかどうかシミュレーションをしてから出さなくてはいけません。トライ&エラーは、本業がもうかっているときでないとリスキーなのです。

アイデアを思いついても、実現するまでに壁が多すぎるのです。「市場調査を出してください」「審査します」「この文言は使えません」と、いちいち規制が入ります。このような状態では、そのうちアイデアも出なくなってきます。にもかかわらず、現場に仕事をまかせるときには丸投げ。そして、失敗を許さないのです。

4. 報酬のオープン化が裏目に

昨今の「オープン化」を推奨する傾向もよいことばかりではありません。

よく、社員の報酬に不公平感をなくすために、仕事の成績をオープン化しようということがいわれています。「これだけの仕事をした人だから、高い報酬をもらってしかるべき」ということを、誰もが納得できるようにするというわけです。

そもそも、営業マンが棒グラフによって、個人の売り上げを「見える化」するのは昔からありましたし、目標がはっきりして意欲が湧く人も多いとは思います。

しかし、営業以外の仕事の能力も、全方位からガラス張りで評価をされるようなオープン化はいかがなものでしょうか。若い世代のなかには、少しでも人前で怒られたり、注意をされたりすることを極端に嫌がる方も多く、こうしたオープン化にはナーバスに反応してしまうのです。

会社によっては、社員の年収を開示しているところもあります。「公平性を保ち、競争もさせる」という意図があってのことだと思いますが、こうしたことを表にさらすことが、社員に過度なプレッシャーを与えることにもなります。

もちろん、誰から見てもがんばって成績を上げた方が、高い年収を得られることは公平といえるでしょう。しかし、組織というものは「できる人」だけで成り立つかといえば、そうではないのです。

ご存じの方も多いと思いますが、組織の構成には「2・6・2の法則」というものがあり、上位の2割は優秀、6割は平均的、あとの2割がそれ以下と分類されます。しかし、下位の2割を切り離してみたところで、また同じになるというのです。ならば、下位に相当する人にますます自信を失わせることに意味があるでしょうか？　それよりも、差の開きを解消し、全体の底上げに目を向けるべきです。「オープン化がモチベーションを上げる」ということをどこかで聞いてきた社長が、そのかたちだけをまねしてみても、無用な競争で失意を生むだけなのです。

5. コンプライアンス重視で疲弊

近年、会社のコンプライアンスが重要視されるようになって、いろいろな規制がとても増えてきました。これは会社だけでなく、世の中全体にもいえることですが、ずいぶんとルールが厳しくなりました。

会社のなかにおいても、ささいで悪気のない失態を「次から注意してね」と見逃すわけにはいかなくなり、必ず上に報告しなくてはなりません。なぜなら、もし何か問題に発展したとしたら、そのとき見逃した人の責任問題にもなってくるからです。

昔は、少々の失敗は気にせず、無邪気にチャレンジできたものですが、それができなくなってしまいました。しかも、こうしたコンプライアンスの徹底のための業務は増えていますから、下手をすると本業よりもコンプライアンス対応に多くの時間が割《さ》かれてしまう……。

こうした閉塞感や煩雑感が、社員の働く気持ちをそぐのは想像にかたくないことです。

6．ＩＴ化で薄れる信頼関係

組織のなかで信頼関係が失われてきたひとつの要因として、やはりＩＴ化によるコミュニケーションの変容が影響をしていると思います。

今や、職場で隣にいる人とメールでやりとりをするようなことにも驚かなくなってしまいました。メールは確かに便利です。複数の人と同時にやりとりが必要なときもそうですし、「いった、いわない」のトラブルを避ける意味でも、メモがわりに使うことが日常的になっています。

しかしながら、メールでのコミュニケーションが主になってきたせいで、リアルなコミュニケーションがとりにくくなったことも事実です。気がつかないうちに、組織の人間関係が希薄になってしまったのではないでしょうか。

こうした状態も、業績が安定していて、大きな変化のない会社であれば、「静かなオフィスで仕事がはかどる」ということになるかもしれません。しかし、ひとたび業績が悪くなったり、大きな変化に見舞われてしまったとき、ふだんの人間関係の希薄さが、うつ化への道を助長することになりかねないのです。

たとえば、近年はフェイスブックなどのＳＮＳが浸透しています。これはコミュニケーションツールという体裁ではありますが、実際のところ本音のコミュニケーションが行われているわけではありません。俗に「フェイスブック人格」などといわれることもありますが、会社絡《がら》みのＳＮＳには、元気そうな、前向きな言葉ばかりが並びます。少しでもネガティブな発言があると、それがマイナス材料にとらえられかねないということになるからでしょう。

しかし、こうした表層的なコミュニケーションばかりでは、いざタッグを組んで課題解決へ向かわなくてはならないときに、その基盤となる人間関係が出来上がっていなかった、ということになるのです。

もちろん、これらのツールは合理的な面もあります。リアルなコミュニケーションとのバランスを計り、有効に使っていくことが大切です。

会社自体のストレス耐性を高める

自社を振り返ってみていかがでしたか？

うつの兆候がある、ないにかかわらず、「会社自体のストレス耐性を高める」というケアは大切です。特効薬はありませんが、できることはたくさんあります。

経験値をもつベテランを評価

業務の標準化を図ること、国際競争に勝つというようなことは大切ですが、社員の経験値が活かせない仕事をしていても発展は望めません。

中高年の方、特にリストラにあった方の転職相談を受けていると、今の会社のベテランを軽視する風潮がひしひしと伝わってきます。「数字」ばかり見て「経験値」を評価していません。

「まじめうつ」の象徴的な例としてあげた大手家電メーカーもそうでした。ベテランを評価することができずに、「人件費が高い」という理由でリストラをしてしまいました。その技術者たちが、外国の会社に引き抜かれて、そこで力を発揮したために、ある面で日本の会社を追い詰めてしまったという例もあります。

リストラでコストを削減することは、そのときの経営判断として、間違いとはいえないかもしれません。「そうするしかない」というのは、誰も否定できない「正論」です。しかし、その判断が結局は自分の首を絞めることにもなります。

私は、ベテランのもっている経験値をきちんと価値化して、その価値を共有できるしくみづくりを進めることで、世の中の会社は魅力的に生まれ変わると思います。共有すべき価値ある経験値を土壌にして「会社の哲学や意志」が育っていくからです。

コモディティ化されていくパソコンのなかでも、アップルがブランド化できたのは、数字には表れない「哲学や意志」が製品に反映されていたからではないでしょうか。

人の非効率を評価する

うつ化した会社は、「効果・効率」を考えたしくみづくりを進めており、それが従業員への評価のものさしになっています。しかし、会社のしくみづくりをするうえで大切なのは、その人の成長が、評価・報酬につながるようにするということです。

もちろん、会社は「稼ぐ」ということが大前提です。もうけなくして成り立ちません。理想は「自分たちと顧客が満足できる、いいものをつくってもうけよう」です。

しかし昨今は、企画の段階から「どんなものをつくれば売れるのか」「それをいくらで売るのか」ということをすべて設計し、「見える化」してプレゼンしなくては通らなくなっています。

人間は非効率的な部分を多くもった存在です。もうけだけの効率と効果の世界で働かされても疲弊していくだけですし、その状態で「いいもの」をつくることもできないでしょう。大切なのは「効率と非効率を共存させるしくみづくり」です。

数字のために「働かされること」に喜びはありません。心のよりどころをもって「働けること」でこそ、喜びが得られるのです。

会社も社員も元気になる３原則

最後に、うつの傾向がある会社に習慣化していただきたい、いわば「健康法」を３つご紹介します。これは、会社も社員も元気なところには備わっている要素です。

①社内外のコミュニケーションの改善

メールだけではなく、直接話さないと仕事が進まない、というしくみづくりが必要です。これは、ただ会議や打ち合わせを設定すればいいということではありません。大事なことは、ちょっとした報告やトラブル相談を気楽に共有できる環境づくりです。自主性が大事、個人の成果が大事といっても、直接話す機会が減少してはいけないのです。

②否定的な意見も含めて、多様な意見を出しやすくする

会議やディスカッションで正論が出てきたら、正しいと思うが故にそれに対抗する意見が発言しづらくなり、〝じゃんじゃん〟と議論が終わりがちです。

しかし、そんな会議が終わったあとで「それは正論だけど、じゃあいったいどうするの？」というような、納得していない声があちこちから聞こえてきます。さらには後になってから、「最初から無理だと思っていた」と、人ごとのようにいう人もいます。

具体的な対策のひとつとしては、「会議の進行役としてのファシリテーションスキルを育成する」ということがあげられます。自分の価値観だけで判断せず、個々の発言を否定せず、尊重し最後まで聞き、そこから意見を重ねていけるような「対話」を心がけ、意見が出やすい環境をつくれるようなファシリテーションを学び、実行する必要があるでしょう。

③ミスを認める、追い詰めないで隙をつくっておく

組織づくりのなかに「スラック」という考え方があります。よく「遊び」といわれる「余裕」のことです。クルマのステアリングには若干の遊びがありますが、この遊びがないとハンドルの動きがすぐに車輪に伝わって、しっかり押さえておかないと絶えず微妙に揺れて、同乗者が車酔いするような運転になってしまいます。だから、あえてセンター付近ではほんの少しだけハンドルの動きの車輪への伝達を鈍感にしておくのです。

これと同様に、無駄がまったくないことを目指した組織では、そこで働く人にも余裕がなくなり、居心地が悪くなります。人にハッパをかけることも必要ですが、追い詰めては元も子もありません。

「効率の悪さを問い詰めない」「ミスも認める」ということを職場で共有したいものです。

以上、会社の経営陣の方への提言とさせていただきます。うつ化を食い止めるために、社員や会社自体のストレス対策としてご一考いただければ幸いです。

エピローグ　――ネガティブ思考を避けずにタフになろう

心が折れた方の転職のご相談を受けていると「本当にあるのですね、そんな会社」と驚くこともしばしばあります。多くはパワハラに分類してもいいほどの、人格を否定するような会社や上司の言動です。

営業会社では、ノルマが未達成の人間を立たせてメンバーの前で恫喝《どうかつ》する、全社の営業マネージャー会議で、成績上位と下位の人で着席する場所を分けてあからさまに比較する、会議の弁当が違うなどなど……。

しかし振り返れば、私が入社した当時のバブル期前のリクルートでも、今の尺度で見れば明らかにパワハラといわれるようなことが行われていました。

「営業は外に出てなんぼ、お前の椅子は今日からナシ！」と椅子なしで仕事させられる。

「アポが10本とれるまでこれでやれ！」といわれ、ガムテープで手に受話器をぐるぐるとくくりつけられる。

当時はそんなひどい目にあいながらも、「世の中そんなものかも」と受け入れなければならないと思いながら、みな働いていた。そんな時代です。

私は初めての人と電話で話をするのが苦手で、まったくアポがとれないというダメダメ人間だったのですが、「おれの本当の居場所はココじゃない」「こんな売り方や、そもそも商品自体がおかしい」と、自分の売る商品にケチをつけて、自分にいいわけしながらのらりくらりと過ごしていました。

今思い起こしても、穴があったら入りたい気分です。でもあのとき、できない自分を責めて思い詰めていたら間違いなく体を壊していたと思います。実際に、長距離バスの乗り場を見るたびに「このままバスに乗ってどこかに行ってしまいたい」と思っていましたし、営業中に山手線に半日乗っていたり、新宿から中央線に意味もなく飛び乗って、小淵沢《こぶちざわ》まで行ったりしていました。

しかし、営業が厳しいといっても、うつ会社のような、「不安」を背景にしたものとは違いました。働く人の心が折れやすい今の時代に、何らかの処方箋になればという思いで本書を綴《つづ》ってきました。

最後にもうひとつだけ、考え方についてご提案します。

特に、うつ化したハイテンション会社で顕著ですが、ことさらにポジティブ思考がよいという考えが強いようです。自己啓発の本でも「ネガティブな考えを退けよう」という主張がくり返されますが、本当にネガティブ思考は悪いのでしょうか。

ネガティブな感情や思考をことさらに排除することは、実はバランスを崩してしまうことになるのではないかと思います。私は、ネガティブがデメリットであるという考えに疑問を感じます。就職や転職にあたっては、自己分析をするということが大切な過程。その自己分析において、自分の力不足や欠点を反省することは不可欠なのです。

「私にはまだこれができていない」「自分の考え方は間違っていた」という振り返りが、自分を向上させるきっかけになるのです。こうした自省を経たうえで身につく強さというのが、本当のタフネスなのです。

ネガティブはＮＧ、ポジティブはＯＫ、という単純な善悪の価値観を持ち込んでしまうと、悪いものは排除すればいいということになります。しかしこれは人の可能性まで失わせるもったいない考え方です。どちらの面にもメリットがあるということを認識し、そういった考え方をする自分自身を否定せずに受け入れましょう。そうでないと自己否定だけでは心がもちません。

ダメな自分を素直に受け止めることで、その人なりの実力が自然に発揮できる場面もあるでしょう。また、まわりに対して思いやりのある態度で接することができるようになるかもしれません。ネガティブに蓋をし、「私にはできるはずだ」とか「自分の可能性を信じて進むんだ」とばかりにテンションを上げていると、ある日ポッキリと折れてしまうものです。

ネガティブな感情や考えでも、それを無理に変える必要はありません。ネガティブがダメだと思うことで、心が折れてしまうことのほうが、よくありません。ネガティブなものに蓋をしない人は、薄っぺらいポジティブ思考の人よりもタフです。

また、見せかけの前向き思考、「ねばならぬ」という義務感だらけのポジティブ思考によって、会社の意思決定が進んでしまうと、気づいたときには会社自体が「空回りが止められない」という状態になってしまう危険もあります。

本書でも「うつ会社」という、一見ネガティブなことを考察してきました。しかし、このネガティブな部分と向き合ってこそ、本来あるべきイノベーションのかたちが見えてくるのではないでしょうか。

そうすることで、グローバル化を迫られるなかでの競合優位性を獲得することができるのだと思います。

細井智彦

株式会社リクルートキャリア面接コンサルタント。

1960年、京都府に生まれる。同志社大学文学部心理学科卒。現在は、「面接力向上セミナー」など各種セミナーを独自に開発、運営。セミナー受講者はのべ10万人超。6000人の転職希望者を内定に導いた実績から「日本一面接を成功させる男」と呼ばれる。最近では、企業(面接担当者)向けセミナーを実施し、大手からベンチャー企業まで170社以上を担当。

著書には『転職面接必勝法』(講談社)、『本当に「使える人材」を見抜く 採用面接』(高橋書店)ほかがある。

講談社＋α《プラスアルファ》新書 653-1 C

会社《かいしゃ》が正論《せいろん》すぎて、働《はたら》きたくなくなる

心折れた会社と一緒に潰れるな

細《ほそ》井《い》智彦《ともひこ》

2014年6月19日第1刷発行

発行者——鈴木 哲
発行所——株式会社 講談社
東京都文京区音羽2-12-21 〒112-8001
電話 出版部(03)5395-3532
販売部(03)5395-5817
業務部(03)5395-3615
装画——ポテチ次郎
デザイン——鈴木成一デザイン室
著者エージェント——アップルシード・エージェンシー
編集協力——林口ユキ
カバー印刷——共同印刷株式会社
印刷——慶昌堂印刷株式会社
製本——株式会社若林製本工場
本文データ制作——朝日メディアインターナショナル株式会社

定価はカバーに表示してあります。

落丁本・乱丁本は購入書店名を明記のうえ、小社業務部あてにお送りください。

送料は小社負担にてお取り替えします。

なお、この本の内容についてのお問い合わせは生活文化第三出版部あてにお願いいたします。


ISBN978-4-06-272830-0